宁夏高等学校一流学科建设（教育学学科）资助项目，项目

U0686151

体验式教学

在大学生心理健康
教育教学中的应用研究

陶文芳　著

辽宁人民出版社

图书在版编目（CIP）数据

体验式教学在大学生心理健康教育教学中的应用研究 /
陶文芳著 . — 沈阳 : 辽宁人民出版社 , 2024.6
　ISBN 978-7-205-11062-8

　Ⅰ . ①体… Ⅱ . ①陶… Ⅲ . ①大学生—心理健康—健
康教育—研究 Ⅳ . ① G444

中国国家版本馆 CIP 数据核字（2024）第 057012 号

出版发行：辽宁人民出版社
　　　　地址：沈阳市和平区十一纬路 25 号　邮编：110003
　　　　电话：024-23284321（邮　购）　024-23284324（发行部）
　　　　传真：024-23284191（发行部）　024-23284304（办公室）
　　　　http://www.lnpph.com.cn
印　　刷：辽宁新华印务有限公司
幅面尺寸：170mm×240mm
印　　张：14.25
字　　数：205 千字
出版时间：2024 年 6 月第 1 版
印刷时间：2024 年 6 月第 1 次印刷
责任编辑：张婷婷
装帧设计：优盛文化
责任校对：吴艳杰
书　　号：ISBN 978-7-205-11062-8
定　　价：88.00元

前　言

在当今社会，我国的大学生正处于一个充满机遇与挑战的时代。科技的迅猛发展、经济的高速增长以及社会的深刻变革，为大学生的成长提供了广阔的舞台。然而，这个时代也对大学生提出了更高要求，带来了前所未有的压力。学业的负担、就业的压力、人际关系的复杂化，以及快节奏生活带来的心理压力，都在考验着大学生的心理承受能力。在这样的背景下，大学生心理健康教育显得尤为重要。它不仅关系到学生的个人发展，更关系到社会的和谐与进步。

大学生心理健康教育的重要性在于，它能够帮助学生正确理解和面对自我，有效管理和调整情绪，建立积极的人生观和价值观，提高解决问题和应对压力的能力。这不仅有利于学生的个人成长和学业成就，也有助于培养他们成为社会的有用之才。

体验式教学作为一种有效的教学方法，在大学生心理健康教育中的应用尤为重要。它强调学生在实践中学习，在体验中成长，能够让学生更直观、更深刻地理解心理健康的重要性，掌握实际的心理调适技能。通过体验式教学，学生不仅能学到理论知识，还能在真实或模拟的情境中学会如何应用这些知识来解决实际问题，从而达到教育的目的。体验式教学在大学生心理健康教育中的应用，需要基于一定的理论基础。心理学的多种理论，如认知行为理论、人本主义理论等，都为体验式教学提供了理论支持。这些理论不仅解释了人的心理活动和行为方式，也为如何进行有效的心理健康教育提供了指导。在实施体验式教学时，采取的策略也十分关键。例如，设置真实或模拟的生活情境，让学生在参与中学习；运用小组讨论、角色扮演等方法，增强学生的互动和体验；利用反思和分享，帮助学生深化理解和感悟。这些策略能够有效提高教学的吸引力和教育的效果。

本书由绪论、大学生心理健康教育概述、体验式教学概述、体验式教学在大学生心理健康教育教学中应用的理论基础、体验式教学在大学生心理健康教育中的应用策略、体验式教学在大学生心理健康教育中的创新应用路径、体验式教学在大学生心理健康教育中的应用保障体系建设以及总结与展望等部分构成。从应用策略、创新应用路径、应用保障体系建设三个方面对体验式教学在大学生心理健康教育中的应用展开了深入的研究，对大学生心理健康教育教学具有参考价值，供高校心理健康教育教学领域的教师参阅。

目　录

第一章

绪论

第一节　国内、国外研究现状及发展趋势

一、国内研究现状

目前，我国的心理健康教育处于发展阶段。心理健康是人们除了身体健康之外比较关心的健康指标。即便心理健康教育并非每个人都接受过，但大多数人对于心理健康教育也是较为关心的。国内的大学都非常重视对学生进行心理健康教育，相关的研究性文章和著作也逐年增多。

高校的培养目标是培养社会需要的人才，因此，现如今高校在开展素质教育时，应以培养学生的职业能力，为其未来走入社会奠定知识、技能、职业素养和心理素质基础为目标。尽管目前部分所用教材以学生的具体特点为依据完成编写，易于学生理解和掌握，且具有一定实用性，但从其教学内容上看，其中大部分内容为心理健康教育中的基础理论，只有少部分内容具有一定的专业性，属于行业心理健康方面的内容。因此，学生无法真正了解行业心理健康方面的知识内容。[①] 对此，高校应进一步发展和改革心理健康教育课程，以学生的专业差异作为切入点，适当增加未来可能出现在学生职业发展过程中的心理问题这一方面的内容，并对心理健康教育课程进行科学、有效的设计。

---

① 张时碧：《论高职院校心理健康教育课程的改革与创新》，《教育与职业》2014 年第 4 期，第 102-103 页。

二、国外研究现状

在欧美等发达国家，心理健康教育已经有100多年的发展历史，发展水平较高，已经构建了较为完备的心理健康教育理论体系，以及与之相配套的操作体系。

早在1900年，美国的学校心理健康教育便在国家教育体系中占有一席之地，这对于提升学生的心理素质起到了较为重要的作用。正因如此，越来越多的专家、学者开始从更深层次探索和研究心理健康教育。

杜威（Dewey）主张的经验自然主义、罗杰斯（Rogers）提倡的人本主义教学理念以及大卫·库伯（David Kolb）提出的体验式学习都为体验学习理论的诞生奠定了核心基础。

随着教育理论日益完善，人们对心理健康教育理论的研究也正式步入下个阶段，越来越多的人开始关注学生的心理健康状况，心理健康教育的改革与教学实践方面也取得了不错的效果。另外，随着心理健康教育工作的深入开展，心理健康教育内容也逐渐广泛、细致。国外心理健康工作的侧重点也逐步向教育对象未来发展的需求转变。许多高校中，教师格外注重鼓励性教育和价值观导向教育。

三、研究发展趋势

近年来，积极体验式教学在教育领域得到了广泛的推广，而大学生心理健康教育领域的研究也取得了一系列的成果。随着教育理念的转变，现在的教育重视对学生的"积极品质"的培养，注重增强学生的积极体验。体验式教学不仅是完成心理健康教育任务的重要方式，也是对心理健康教育价值追求的反映。

目前，发达国家已经形成了一套成熟的心理健康教育理念和实践经验，这为其开展心理健康教育工作奠定了坚实的理论基础。其中包括建立高素质、高水平的心理健康教育师资队伍，设立独立的心理健康工作机构，开设有针对性的心理健康教育课程等。这些实践方式和经验为相关人员提供了参考。

在我国，随着社会主义现代化建设的推进和深入发展，社会已经发生了质的变化，人的需求也在不断发生改变。人们从过去追求生存性需求和发展必需需求，转向追求享受性需求。这种需求的转变意味着，包括心理学在内的社会科学和人文科学需要适应这种变化，积极转变，更广泛地关注人的健康等问题。

对于体验式教学，现在的研究已经从理论探索转向实际应用。一方面，越来越多的学者和教育工作者开始关注和研究体验式教学的实践方式，试图将其引入学校心理健康教育活动中。另一方面，试图从实践中进一步理解和掌握体验式教学的方法和技巧，以便更好地将其应用于心理健康教育活动中。

尽管体验式教学已经在心理健康教育中得到了一定的应用，但它作为一种新的教学理念和方法，在发展过程中仍面临许多挑战和困难。例如，如何完善体验式教学思想，如何建立新的心理健康教育体系，如何有效地将体验式教学应用到具体的教育实践中，等等。这些都是目前需要继续研究和探讨的问题。

总的来说，体验式教学在大学生心理健康教育中的应用，既是教育理念转变的需要，也是教育实践发展的要求。它不仅对提高大学生的心理健康水平、培养他们积极的精神面貌、促进他们全面发展等方面具有重要的意义，也为心理健康教育的理论研究和实践应用提供了新的方向和途径。在这个意义上，深入研究和推广体验式教学在大学生心理健康教育中的应用，无疑是大学生心理健康教育发展的一项重要任务。

第二节　本研究的目的与结构

一、本研究的目的

在现代教育背景下，大学生心理健康教育的重要性日益凸显。学生的心理健康状况不仅影响其个体发展和学术成就，还影响到整个社会的和谐与稳定。然而，传统的心理健康教育在某些方面已经难以满足大学生的需求。

体验式教学作为一种富有创新性的教学方法，强调学生的主体性，注重实践与体验，能够帮助学生更好地理解和应用知识，培养其批判性思维和解决问题的能力。因此，探讨体验式教学在大学生心理健康教育中的实际应用及其效果，无疑是对当前教育实践的有益补充和创新。

本研究旨在深入探索体验式教学在大学生心理健康教育中的应用价值。期望通过对体验式教学的理论基础、应用策略、创新应用路径以及应用保障体系的深入研究，为相关领域的研究者和教育工作者提供有价值的参考和启示。

首先，对体验式教学的概念、特点和历史发展进行全面梳理，以明确其在大学生心理健康教育中的应用背景和理论基础。其次，深入探讨体验式教学的具体应用策略和方法，以及其在教育实践中可能遇到的挑战和困境。最后，重点探讨如何结合现代技术手段，如虚拟现实技术、社交媒体等，进行体验式心理健康教育的创新应用。

二、本研究的结构

在现代教育环境中，大学生心理健康教育成了一个不可忽视的议题。为了更深入地探索这一领域，本研究首先回顾了国内外的研究现状，从而为读者提供一个全面的背景，并强调了此项研究的重要性。同时，研究的目的、意义和整体结构也被明确地阐述。

在对大学生心理健康教育进行概述时，本研究深入探讨了心理健康教育的定义、内容和主要措施，同时分析了当前社会背景下大学生心理健康教育所面临的挑战。

而后本研究转向体验式教学的概述。这部分阐述了体验式教学的概念、基本特点、基本类别，并与传统的教学方法进行了比较，为后续探讨奠定了坚实的基础。

在探讨体验式教学在大学生心理健康教育中的理论基础时，本研究从多个理论角度出发，分析了体验式教学在此领域中的应用价值。在探讨体验式教学在大学生心理健康教育中的应用策略时，本研究结合实际的案例，详细探讨了如何将体验式教学方法应用于大学生心理健康教育中，以及在应用过程中可能会遇到的挑战。

在对体验式教学在大学生心理健康教育中的创新应用路径进行探索时，本研究将重点放在了沉浸式、游戏化、跨学科整合等创新应用方式上，为教育工作者提供了具体的实践指导。为了确保体验式教学能够在大学生心理健康教育中得到有效的应用，本研究还探讨了体验式教学在该领域中的应用保障体系建设，涵盖了体验仓的建设、评价体系建设，以及教师能力建设等多个方面。

最后，本研究对其主要结论进行了总结，并对未来的研究趋势进行了展望，为读者提供一个全面的研究回顾和前瞻。

第三节　本研究的意义和价值

大学生心理健康状况不仅影响其个人成长和职业发展，更与社会的和谐稳定密切相关。因此，如何有效地进行大学生心理健康教育成了教育工作者和心理健康专家思考的问题。

一、为大学生心理健康教育提供新的教学方法

在传统的心理健康教育中，教育者往往采用讲授、示范和指导的方式传授知识和技能。然而，随着现代大学生成长环境的变化和他们对教育需求的多样性，这种传统的教育方法可能已经不再完全适应他们的学习和成长需求。现代大学生更加注重个性化、互动性和实践性的学习体验，这使得教育者需要寻找更加新颖和有效的教学方法。

体验式教学作为一种强调学生主体性、实践性和参与性的教学方法，正好满足了这一需求。它不仅注重知识的传递，更重视学生的情感态度与价值观的培养。通过真实或模拟的实践活动，学生可以更加深入地理解和体验心理健康的重要性，从而更加主动地参与到心理健康的培养和维护中。

本研究旨在深入挖掘体验式教学在大学生心理健康教育中的潜在价值和应用策略，为教育工作者提供更加贴近大学生实际需求、更具创新性和实效性的教学方法。同时，为大学生心理健康教育的理论研究和实践应用提供新的视角和思路。

二、提高大学生心理健康教育的实效性

心理健康教育的核心目标不仅仅是传递知识，更重要的是促进学生心理健康行为和态度的转变。为了实现这一目标，要选择有效的教育方法。传统的教育方法在某些情境下效果显著，但在面对现代大学生这一特定群体时，其实效性可能会降低。体验式教学强调的是学生的实践与体验，这种方法能够让学生在真实或模拟的情境中，亲身体验和实践心理健康的相关知识和技能，从而加深对其的理解和认同。这种深度的学习体验，不仅可以提高学生的学习兴趣和动机，更能够促进他们将所学应用到实践中，从而提高心理健康教育效果。

　　本研究旨在探索体验式教学在大学生心理健康教育中的应用策略与优势，以及如何使其实效性最大化。通过对比分析、实证研究和深度访谈等方法，深入探讨体验式教学与传统教学方法在实效性方面的差异，以及体验式教学如何帮助大学生更好地理解、接受和实践心理健康知识和技能。

三、为未来研究提供方向

　　体验式教学在大学生心理健康教育中的应用仅是这一领域研究的冰山一角。尽管本研究为该领域提供了初步的理论基础和实践参考，但仍存在许多待探索的问题和方向。例如，不同文化背景下的学生可能对体验式教学有不同的反应和接受度，这需要对体验式教学的跨文化适应性进行深入研究。此外，随着教育技术的快速发展，虚拟现实、社交媒体等为体验式教学提供新的实现方式和平台，这为研究者提供了更多的研究空间和可能性。

　　如何与其他教学方法综合应用，以及如何量化和评估体验式教学的效果，是未来研究的重要方向。同时，如何根据学生的特点和需求，设计和实施有效的体验式教学课程，也是一个值得进一步探讨的问题。

第二章 ◄

大学生心理健康教育概述

第一节　大学生心理健康教育的主要内容

一、确定高等院校心理健康教育内容的依据

要科学合理地确定和选择心理健康教育的内容，高校先要明确心理健康教育的基本内容的选择依据。一般认为，高校心理健康教育内容的选择受到以下三个因素的制约。

（一）学校心理健康教育的目标

学校心理健康教育的目标是学校心理健康教育总体工作的基础，学校心理健康教育的内容是学校心理健康教育目标的体现。学校心理健康教育内容的确定离不开学校心理健康教育目标。可以说，学校心理健康教育的目标是决定学校心理健康教育内容的直接依据。

（二）学生年龄特征及心理发展水平

学生年龄特征及心理发展水平也是确定心理健康教育内容时必须考虑的因素。不可否认，学校心理健康教育是根据学生身心发展特点，以促进学生心理健康发展为目的的教育活动。如果选择的内容偏离了学生心理发展的特点或需要，那么学校心理健康教育就无法达到预期的效果。因此，确定心理健康教育的内容与确定心理健康教育的目标是一样的，要根据大学生心理发展的规律和特点，选择与其水平相适应的内容。心理发展有着阶段性规律，对某一阶段的学生进行教育和辅导时，

滞后和超前都是不合适的。

（三）学生心理健康现状

如果说根据前两个因素确定的心理健康教育内容是较为基本和相对稳定的，那么根据学生的心理健康状况选择的内容便具有一定的灵活性和针对性。学校开展心理健康教育是时代发展的必然要求，学生的心理健康也往往被时代"烙上烙印"，这就要求心理健康教育者明确相应的教育内容，适时进行针对性教育。例如，现在的大学生正步入青年期，处于自我同一性的整合阶段，他们已经有了强烈的了解自我身心发展的愿望。其他如部分学生的高消费、各种考试给学生带来的压力等，这些都应当纳入现阶段学校的心理健康教育中。可见，高校心理健康教育需要"因人因事因地因时因势"地选择有意义的内容。

二、高等院校心理健康教育内容

（一）适应教育

无论是小学升初中、初中升高中，还是高中升大学，对于人而言，就是进入了一个新的转折点。

学生只要进入新的环境，特别是中学生迈入大学校园和大学生毕业后踏入社会，都会面临学习环境和生活方式的变化。大学生在这个环节中常表现出一种较为强烈的内心冲突。心理健康教育就是要针对这种情况对大学生开展有的放矢的适应教育。

心理健康教育需要针对社会现有的变化，针对新环境中可能出现的问题，对学生讲解现有的困境，进行有意识的训练，帮助学生掌握排解心理困扰、减轻心理压力的方法，使他们尽快地适应新生活。

适应教育主要包括引导学生对自我进行正确认识、重新定位，调整学生的心理承受能力；帮助学生确立新的目标、端正学习态度、把握学习规律；培养学生的生活自理能力等。

（二）人际交往教育

人际交往包含的人际关系范畴较为宽广，需要开展的教育工作也更为细致。

人具有社会性特点，人是不可能脱离社会关系、孤立地生存与发展的。当今的社会更像是一张人际关系网，每个人都身处其中。在这种多维的、错综复杂的人际关系网中，人际交往是每个人必须面对、不能逃脱的事情。

对于大学生而言，良好的人际关系对于其身心发展会产生积极的影响。大学生的健康心理形成的前提条件之一就是处于一种和谐、良好的人际关系之中。

因此，心理健康教育需要针对大学生开展人际交往教育。根据大学生待人接物的特点与规律，教授学生实用的人际交往技巧，让学生通过训练掌握一定的交往艺术，使大学生与他人和谐相处。

在心理健康教育中开展人际交往教育的起点是帮助学生实现悦纳自我。学生只有对自己有正确认知，并且可以接纳自我，才能真诚地接纳他人。这种正确认识、表现自己的能力是高校开展人际关系教育的基础。高校应培养大学生掌握人际交往的基本规范与技巧，使大学生形成宽宏大度的良好品质，自我克制，尊重他人。

心理健康教育需要教授学生各种社交技能，引导学生形成良好的自我意识，正确地接纳自我；引导学生形成积极的态度；教会学生正确待人接物、为人处世；教会学生打扮得体、举止文雅等。

（三）意志教育

意志教育是心理健康教育中不可或缺的课程内容。一个人的成长发展需要意志的参与。

如果一名大学生缺乏坚韧的意志，耐挫力较差，那么对于大学生的自身发展是极为不利的。正因为大学生必须拥有自觉、果断、坚持与自制等意志力，心理健康教育就更应该把意志教育纳入课程内容。

心理健康教育课程可以从意志对于一个人成才的重要性着手，分析学生存在的意志品质的弱点，有的放矢地开展教学。教师需要引导学生提高自己的主观能动性，引导学生积极面对困难、克服困难，不断提升意志水平。在一些偶发因素导致的挫折面前，教师要引导学生调节自己的情绪，增强面对挫折的心理承受能力，避免出现心理偏差，改变武断、退缩、优柔寡断等不良的意志品质。

（四）情绪情感教育

大学时代是学生进行人格塑造的重要时期。心理健康教育要抓住这一人格发展的关键期，针对大学生进行情绪情感教育，引导他们有效控制自己的情绪情感，成为自己情绪的主人。

一个人如果拥有较为稳定的情绪情感，他的心理健康程度也较高。教师可以通过心理健康教育课程，设置相关的课程内容，引导大学生了解一个人的正常情绪表现，认识人的情绪变化的特点。大学生可以通过课程感知、体察及时对负面情绪进行有效调节，使自己拥有相对稳定的心境，面对困难和挫折始终保持乐观的态度。即便受到一些负面事件的影响，大学生也可以调节自己的情绪，避免出现反应过激的情况。

情绪情感教育的过程如下：从教师帮助学生疏导负面的情绪转向学生可以相互疏导负面的情绪，再到学生可以实现自我的疏导与排解，最终学生可以合理宣泄和调节自己的负面情绪，进而形成积极情绪。

情绪情感教育是丰富多彩的，并不是以一种书面教育的形式出现，其旨在培养学生丰富多彩的生活情趣，培养学生相对稳定的心境。教师可以通过一堂堂的情绪情感课程，逐渐将学生的情感活动进行拆解，将情感活动的产生、发展、形成、表达规律教授给学生，使学生形成良好的情感。此外，教师还要教授学生如何控制自己的情绪，即"制怒"的方法，培养学生的幽默感，针对性地对学生开展敏感性训练、放松训练等。

（五）网络健康心理教育

部分大学生沉溺网络是心理原因所致。针对大学生在网络中产生的心理负面效应，高校应当采用指导疏通的方法，加强对大学生心理上的指导。

1. 加强网络意识教育

许多学生最初出于好奇和自我发展而上网。但是，由于他们对互联网没有全面的了解，无法有效地识别互联网上的不良信息，导致有的学生陷于网络之中，对此，高校要引导他们正确认识网络的本质，正确使用网络资源，正确识别网络信息，自觉抵制各种不良信息的侵蚀，加强自律，遵守网民规范，提高网民认知素养。

2. 加强网络自我教育

随着网络时代的出现，现代教育开始强调以学生主动吸收、自主选择为特征的主动接受。网络信息传播的开放性、自由性、多样性要求学生具有较高的识别能力和自控能力。一方面，高校要相信现代学生的思想觉悟和自我选择、自我评价、自我约束的能力；另一方面，自我教育不是自由教育，教育工作者应积极介入，在学生自我教育中发挥积极的引导和指示作用。

3. 重视网络时代大学生闲暇生活教育

从时间上来说，人的一生大致可以分为三部分：生理时间、学习工作时间、休闲时间。其中，休闲时间是个人用来放松、处理情绪、开阔视野、丰富生活的时间。休闲时间是每个人生活的重要组成部分，是改善个人健康和生活质量不可或缺的因素。当代学生的大部分空闲时间被网络空间占据。部分学生上网行为失控的根本原因是个人发展空间受限，学生若不能在学业上站稳脚跟，必然倾向从这些娱乐活动中寻求乐趣，他们会陶醉在虚拟空间的成功、自信、尊重和满足中而无法脱身。因此，高校要重视网络时代学生闲暇生活教育，使学生做到劳逸结合、身心放松，促进学生健康成长。

（六）健康与生命教育

20世纪中叶，生命教育风靡全球，并在社会上发挥着越来越重要的作用。随着生产力的飞速发展和人类社会的不断进步，人们的物质生活和精神生活有了显著改善，人们征服自然的能力也有了显著提高。但随之而来的是，人类也面临各种挑战，如自然灾害频发、资源短缺、人口激增等。在一些地区，战争的阴影从未消失。在其他地方，贫困线仍然很低，疾病高发，人们仍然在挨饿。因此，生命教育的重要性被越来越多地提及，注重生命教育逐渐成为社会发展的必然趋势。

（七）婚姻健康教育

1. 了解爱情的本质和社会特征

爱情作为人类特有的美好情感，是一种强大的情感，其让男女双方珍惜并渴望成为彼此终身的伴侣。人类的爱情虽然复杂，但基本上由三个成分组成，即动机成分、情感成分和认知成分。动机成分表明爱情是有生理基础的，生理成熟和性心理是爱情的基础；情感成分表明爱情会使人产生强烈的情感体验，即强烈的相互依恋体验；认知成分表明爱情具有理性和社会性的一面，强调人对社会的承诺和责任。马克思主义认为，人的本质是一切社会关系的总和，社会性是人的爱情心理的本质属性。爱情的社会性决定了爱情必须具有深厚的道德内涵和责任感，这也是爱情稳定的决定因素。爱情不是一种代代相传的与生俱来的感觉，也不仅仅是个人的享乐，其必须以高尚的情感来培养。人与人之间存在道义上的义务和责任，爱情的幸福在于彼此有高度责任感。对于学生来说，健康的爱情心态不仅是敢于追求爱情，更是随时准备承担爱情的责任。教育者的任务就是把这种人性化为道德之爱，而不是讽刺、指责，或者被动地阻止和禁止。

2. 了解婚姻家庭的定义

由于学习负担重、经济困难、父母反对等多方面因素，大部分学生并不打算在学习期间步入婚姻的殿堂，而是选择先立业后成家，这体现了当代学生的理性和成熟。

家庭和婚姻几乎是一对绑定的概念，两者在爱情中的地位十分重要。爱情明确了婚姻家庭对个人和社会的重要性。然而，部分学生对婚姻家庭的认识主要来自影视媒体和对家庭生活的感性认识，他们对婚姻家庭、对个人幸福与发展、对社会和谐与进步的重要价值并不是十分理解。

高校应培养学生对婚姻家庭的责任感。婚姻具有很强的社会性，虽然是爱情的延续，但也意味着要承担更多的责任。

（八）学生职业教育

学生职业生涯规划指导主张根据学生职业心理发展的特点，以学生职业生涯规划的内容为基础，培养学生的职业能力，促进学生职业发展。从心理健康教育的角度衡量学生职业生涯规划指导的内容，可以发现其主要包括以下四方面：

1. 根据学生心理发展特点，进行职业生涯规划指导

发展心理学理论认为，个体发展的每个阶段都受到心理的影响。在职业发展的不同阶段，职业需求、追求的发展方向、采取的行为等存在较大差异。

个体职业发展心理分为幻想期、试用期和现实期三个阶段，这种划分揭示了个体早期职业发展心理对其未来职业选择的影响。一个人的职业发展分为成长、探索、形成、维持和衰退五个阶段，每个阶段都有不同的任务和特点。大学生处于职业发展的探索阶段，兴趣广泛，积极思考，敢于尝试，渴望发展，对未来充满希望，但同时容易出现自我评价不足、能力不足、社会理解力不足、快速的情绪变化的情形。同时，在不同阶段的课堂教学中，学生的观念、行为、职业取向、价值目标等会发生变化。因此，在职业生涯规划指导中，高校要充分关注学生心理发展的特点和情况，提高学生的职业生涯意识。

2. 积极开展职业心理疏导，消除学生职业心理困惑

部分学生对职业生涯规划认识不足，一旦在职业生涯规划中遇到困难，他们会出现各种困惑和误区。这就需要高校在全面的职业生涯规划教育过程中，积极为学生提供心理疏导，运用专业的心理辅导方法和手段，帮助学生消除心理问题。职业探索过程中的心理困惑和问题可以促进学生职业心理的成长，提高学生的职业规划技能，帮助学生顺利进行职业规划。职业咨询有两种模式：个别咨询和团体咨询。个别咨询主要针对个别访问学生在职业探索过程中面临的困惑和问题提供直接的心理帮助；团体咨询以小组为单位，采用小组辅导的方式，对其职业探索过程中的某类问题进行指导和帮助，也可以让学生在专门设计的职业生涯规划小组活动中得到一定的训练和实践经验。

3. 科学开展心理测评工作，做好学生工作方向的指导

职业定位就是寻找目标与职业潜力的最佳匹配，以及主观条件与客观条件的最佳匹配。良好的职业定位必须基于学生对个人需求、兴趣、能力、气质、性格、自尊等心理特征的准确了解。而学生要想充分了解自己的心理特点，就必须依靠科学的心理测评。在规划学生的职业生涯的过程中，职业心理测评不是一个目标，而是一个过程，其能够帮助学生进一步探索和厘清自我，了解自己的职业兴趣、技能、价值观和性格特征，从而更好地发展个人职业生涯。在对学生职业心理进行评估时，高校应注意使用科学、合理、有效的测量工具和方法，增强职业心理测评的科学性。

4. 以教育事业发展为导向，开展持续动态的专业心理辅导

职业选择是一个动态的过程，而不是一次性的"选择"，它往往随着人的身心发展而完善。选择职业发展方向的整个过程可以分为几个连续的阶段，每个阶段都有特定的发展任务，如果前一阶段的任务没有完成好，就会影响下一阶段的职业发展。

从这个意义上讲，学生工作指导涉及的对象不仅仅是毕业生，而是全体学生，教育内容也不局限于对工作的指导，而是面向教育发展。因此，高校要在尊重个体差异和群体差异的基础上，为学生提供持续、动态的专业心理辅导。这个动态辅导过程主要包括三个方面。一是学生找工作的心理准备，即在学生工作前，从求职和择业的目的着手，对学生进行定位，并对可能出现的各种情况进行预判。让学生做好找工作的心理准备是贯穿学校教育的一个长期过程，需要从多方面增强学生的心理素质，如增强择业意识，养成良好的择业心态，等等。二是解决学生在择业中出现的心理困惑。部分学生在择业时会出现心理困惑。这些心理困惑是学生职业心理指导中需要及时处理的重要内容，如果不能及时解

决，其可能发展成为影响职业生涯的心理障碍。三是社会适应期的引导和心理调适。高校应引导学生形成适应未来工作环境的积极心理倾向，使学生在应对社会现实中始终保持积极乐观的心态，培养良好的职业道德意识。良好的社会适应能力是学生在新的工作环境和社会生活中获得进一步发展的重要基础，也是学生职业生涯发展的必经阶段。

（九）大学生创造力教育

创造力本身并不是一种单一、简单的心理过程，而是一系列的、复杂的心理活动。创造力与人的智力发展有着紧密的联系。通常情况下，一个人如果拥有较高水平的创造力，他的智力水平也会较高，但是这种联系并不可互逆。当一个人的智商超过 120 时，其智商与创造力之间的相关性就会降低。

创造力水平较高的人往往拥有求同思维和求异思维这两种思维，但这两种思维与智商并无明显的联系。求同思维与求异思维的发展与人的人格特点有一定联系。

面对现实世界中客观事物存在的明显失常、矛盾与不平衡的现象，创造力水平高的人更容易产生强烈的兴趣。这种人对事物的感受力较强，敢于打破常规，往往能够正确评价他人的观点与行为。

大学阶段是学生职业生涯发展的关键阶段，也是其创造能力发展的关键阶段。可以说，大学生的创造力对于其个人发展，甚至是社会发展都有重要的作用。因此，心理健康教育必须将大学生创造力培养作为其教学内容。

高校心理健康教育在培养大学生的创造力时可以从以下四个方面着手。

1. 激发好奇心和求知欲

教师需要培养大学生敏锐的观察力和丰富的想象力。教师可以针对创造性想象，为大学生创设教学情境，引导大学生发展自己的想象力；也可以通过小组合作与探究的方式，培养大学生发现新问题或建立新关系的能力。

2. 重视思维发展

大学生能够在心理健康教育课程中意识到思维的流畅性、变通性和独特性，这是培养大学生发散思维的基本条件，也是大学生在学习生活中培养创造思维的关键所在。

3. 培养求异思维和求同思维

一个完整的创造活动不是通过一次创造思维的爆发形成的，而是经过求同思维与求异思维的多次循环才完成的。求同思维只要求找到正确答案，求异思维则包含想象、创造、启发和猜测等方面，更有利于训练和培养学生的创造力。

4. 急骤性联想

急骤性联想是培养学生创造力的有效方法。教师可以在有限的教学时间内，针对某一话题，引导学生展开积极迅速的联想，引出新颖而有创造性的观点。目前学术界对创造心理学的关注度较高，也乐于在心理健康教育课程中通过多种途径提升学生的创造力。

（十）大学生幸福感教育

幸福感又称主观幸福感，是人们对于现实生活质量做出的主观性的情感认知评价。大学生是否可以在现实生活中感受到较高的幸福感，是大学生能否积极面对现实生活中遇到的种种困难，以及大学生对于未来生活是否持有一种积极乐观的态度的关键影响因素。

幸福感是一种主观的感受，个人幸福感的产生不仅与其性格、遗传因素有一定的联系，与其后天的锻炼与培养也是分不开的。大学生如果不懂得什么是幸福，甚至漠视身边的幸福，那么其就缺失了获取幸福的能力。

高校通过对学生进行幸福感教育，引导学生改变原有的功利性认知，使学生在听完心理健康教育课程后，可以迈着轻松的步伐走出校园、走向社会。

高校对学生进行幸福感教育，一是帮助学生树立自我和谐的目标，提升大学生的幸福感；二是帮助学生快乐学习，提升其学习的幸福感；三是帮助学生战胜消极，体会"做自己"的幸福感；四是引导学生改变习惯，体会身边的幸福，唤醒自我发现幸福的能力。

第二节　完善大学生心理健康教育的主要措施

心理健康教育是素质教育的重要组成部分，其开展有利于学生自我发展、自我完善、自我成熟。高校心理健康教育的开展和教育观念的更新与学生人格的发展密切相关。

一、建立专业化心理健康教育师资队伍

建立专业化心理健康教育师资队伍对于高校心理健康教育的发展至关重要。

（一）心理健康教育师资队伍建设的重要性

专业化的心理健康教育师资队伍是保障高校心理健康教育质量和效果的关键因素。心理健康教育师资队伍的专业能力和专业素养直接影响到教育的有效性和学生的发展成效。

（二）师资队伍的配备和专业化要求

为了确保专业心理健康教师或咨询师充足，高校应该重视师资队伍建设，按照一定的比例和标准，配备足额的心理健康教师。同时，高校应注重教师的专业发展和进修，提高他们的专业水平和教育能力。

（三）骨干核心和专职、兼职教师的合理配置

心理健康教育师资队伍应该以专业、专职教师作为骨干核心，与兼职教师相互结合、专业互补。专职教师能够全职从事心理健康教育工作，具备深入研究和教学的能力；兼职教师可以引入实践经验和丰富的行业背景，为教学提供更多样化的视角和案例。

（四）教师的专业化培训和发展

为了提高教师的专业能力和教学水平，高校应该加强对心理健康教师的专业化培训。这可以通过组织专业培训课程、举办学术研讨会和开展教学实践等方式实现。高校不断提升教师的学术水平和专业能力，能够使教师更好地满足学生的需求，提供高质量的心理健康教育服务。

（五）教育研究与实践相结合

心理健康教师应积极参与实际的心理健康教育工作，将研究成果应用于实践中，并从实践中总结经验和问题，不断优化教学内容和方法。

综上所述，建立专业化心理健康教育师资队伍对于高校心理健康教育的发展起着重要作用，其能够为学生的心理健康提供更加全面和专业的支持，推动高校心理健康教育不断发展。

二、心理健康教育与思想道德教育有效结合

心理健康教育与思想道德教育的有效结合对于高校学生的全面发展

和健康成长至关重要。

（一）教育目标的统一与互补

心理健康教育和思想道德教育都是高校完善学生工作的重要手段，目标在于促进学生全面发展和健康成长。心理健康教育关注学生的心理健康和情绪调适，而思想道德教育关注学生的道德品质和价值观。两者的目标可以相互补充和统一，共同培养学生的综合素质和道德意识。

（二）内容的融合与相互促进

尽管心理健康教育和思想道德教育在方式、内容和规则上存在差异，但它们并不是孤立的，而是可以相互融合和促进的。思想道德教育可以为心理健康教育提供更远大的目标，引导学生树立正确的道德观念和行为准则。同时，心理健康教育可以为思想道德教育提供基础工作，帮助学生形成良好的心理素质和情绪管理能力，使他们更好地理解和实践道德要求。

（三）互相影响的作用机制

心理健康教育和思想道德教育之间存在着相互影响的作用机制。通过心理健康教育，学生可以形成健康的心态和积极的情绪，从而更好地理解和接受思想道德教育的内容。而正确的道德目标的建立和实践也能够为学生提供心理上的满足感和自我认同，促进他们的心理健康发展。

（四）培养正确的价值观与心理素质

心理健康教育离不开思想道德教育，两者必须紧密结合。为了让学生拥有健康的心态，高校必须帮助他们树立正确的世界观、人生观和价值观。思想道德教育通过引导学生树立正确的价值观和道德观念，为心理健康教育提供了价值取向和行为准则。而心理健康教育能够帮助学生认识和理解自己的情绪和需求，使他们更好地适应和应对道德挑战，从而形成健康的心理素质。

（五）教育实践与成果评估的整合

要实现心理健康教育和思想道德教育的有效结合，教育实践和成果评估的整合至关重要。高校应该制定综合评估机制，全面评估学生的心理健康状况和思想道德发展水平，及时调整教育策略和措施，确保两者的有效结合能够真正促进学生的全面发展。

综上所述，心理健康教育与思想道德教育的有效结合对于高校学生的全面发展和健康成长具有重要意义。通过统一教育目标、融合教育内容等途径，高校能够为学生提供更加全面和有益的教育环境，推动学生的综合素质和人格发展。

三、实行心理健康档案制管理

心理健康对于学生的成长和发展有着重要的影响。随着社会对教育质量和学生个体发展的关注度不断提升，教育机构越来越重视学生的心理健康状况。实行心理健康档案制管理就是其中一种有效的方式。它能帮助教育工作者更好地了解和追踪学生的心理状况，及时发现并解决学生的心理问题。

首先，建立心理健康档案可以全面记录和了解学生的心理状况。学生的心理状况受到多种因素影响，包括家庭环境、学校环境、社交关系等。通过建立心理健康档案，教育工作者可以系统地收集和整理这些信息，进一步了解学生的心理发展规律。

其次，实行心理健康档案制管理有助于及时发现学生的心理问题并进行干预。虽然学生的某些心理问题在早期阶段不容易被发现，但如果教育工作者能够持续跟踪学生的心理状况，就有可能在问题尚未严重时进行干预。例如，教育工作者可以根据心理健康档案中的信息，发现学生的某些异常行为或情绪变化，然后及时采取干预措施。此外，实行心理健康档案制管理也可以为学生的心理咨询和辅导提供有力的支持。通过查阅学生的心理健康档案，教育工作者可以更好地了解学生的成长背景和现状，从而提供更符合学生需要的咨询服务。心理健康档案中的信息也能帮助教育工作者评估咨询效果，调整咨询策略。

然而，实行心理健康档案制管理也存在一些挑战。一是收集和管理学生的心理健康信息需要一定的专业知识和技能。二是为了保护学生的隐私，高校还需要建立一套完善的隐私保护机制。三是如何有效利用这些信息来改善学生的心理健康状况，这也是一个需要高校进一步探索的问题。

总的来说，实行心理健康档案制管理是一种有效的方式。通过系统地收集和管理学生的心理健康信息，高校不仅可以及时发现并解决学生的心理问题，也可以为学生提供更高质量的心理咨询服务。

四、创新心理咨询及心理辅导工作

在当下，心理咨询是主流的心理干预方式，有效的心理疏导服务可以帮助学生减少心理困扰和心理冲突。

由于部分学生缺乏对心理活动的认识，因而无法用科学的方式来处理问题。学生或许可以借助网络或者其他渠道获取一部分知识，但是单凭学生个人的意志力，很难成体系地处理问题和解决问题。因此，在必要的时候，高校可以打破传统教育模式的瓶颈，将互联网作为心理咨询和心理辅导工作的载体。

心理健康教师要利用好数字化和新媒体带来的优势，充分研究各平台的运营方式，积极进行活动创新和心理育人。心理健康教师可以尝试通过微信公众号和小程序传播心理小知识、讲心理小故事、做心理小测试等，通过一定周期更新的方式不断推送新鲜的心理知识，传递给大学生积极的心理力量，教给大学生处理日常琐事的技巧。

心理健康教师还可以积极运用 QQ 心情墙等功能，为大学生增加一个能够在日常生活中随时倾诉和发泄的出口，再运用心理学专业知识解决大学生的困惑，从而提升大学生为人处世的能力和人际交往的能力。

短视频的生动活泼使抖音等平台兴起，教师也可以抓住这个机会，通过一定的技术手段把心理健康的相关视频制作上传，再利用公众号进行发布和宣传，引导大学生关注日常心理现象等内容；也可以将学校或学院不同时期的校园文化主题适时推送给正在面临升学、就业、考试等各类压力的大学生。

五、建立心理健康教育四级保障网络

建立心理健康教育四级保障网络即构建学校、学院、班级、宿舍四级心理健康教育工作体系，形成有效的联动机制。

一级网络即校级大学生心理健康教育指导中心，主要由心理健康教育专家和专兼职教师组成，负责指导全校心理健康教育工作，是高校心理健康教育的行政主管机构，也是高校心理健康教育的组织者和实施者。一级网络的主要职责包括普及心理健康知识，进行专业的心理咨询和心理辅导，定期组织开展心理辅导员、班级心理委员、宿舍心理信息员等心理健康教育工作者培训，开展新生心理普查，建立新生心理档案，筛查出重点对象，进行追踪辅导。

二级网络即院系心理辅导员，主要负责院系心理健康教育工作，同样是心理健康教育的组织者和实施者。二级网络的主要职责包括挑选和培养班级心理委员、宿舍心理信息员；指导各班级开展心理健康教育活动；及时汇总本院系心理异常学生信息，实施初步心理干预，并视情况上报校级心理健康教育指导中心；协助班主任做好突发心理危机事件的处理等工作。

三级网络即班级心理委员，负责本班心理健康教育工作。三级网络的主要职责包括组织开展班内心理健康教育活动，宣传和普及心理健康知识；组织宿舍心理信息员收集心理异常学生信息，予以积极关注，开展适当的朋辈心理辅导；将收集的心理异常学生信息向辅导员、班主任报告；定期汇总本班学生心理情况，形成心理月报。

四级网络即宿舍心理信息员。四级网络的职责主要是认真学习心理健康知识，掌握基本的异常心理鉴别技能，自觉建立良好的宿舍人际关系；发现心理异常学生后，要积极关注，开展适当的朋辈心理辅导，并及时向班级心理委员报告；对于心理问题特别严重的学生，可直接联系校级心理辅导中心进行干预，并向辅导员、班主任报告。

通过建立心理健康教育四级保障网络，学生对心理健康重要性的认识进一步加深，逐步形成了心理健康意识，实现了心理健康与身体健康的统一。

六、开设心理健康教育必修课程

开设心理健康教育必修课程是学校教育工作的重要组成部分，其目标是帮助学生了解心理健康的基本概念，让学生学会自我调适，提升学生的心理素质。虽然短期内难以看到明显效果，但从长远来看，它对于培养学生的健康心理素质，提升学生的综合素质具有重大的价值。

首先，心理健康教育不仅仅是一门课程，更是一项系统工程。在课堂上，教师需要通过丰富的教学方法，引导学生了解和掌握心理健康知识，培养他们的自我调整能力。在课堂之外，学校应建立一套完善的心理健康教育体系，包括提供心理咨询服务、开办心理社团和协会等，这些都能促使学生在日常生活中应用所学的心理健康知识，增强他们的心理适应能力。

其次，学校应该注重个性化的心理健康教育。每个学生的心理特点和需求是不同的，因此学校需要根据学生的个性特点，提供个性化的心理健康教育服务。这不仅需要教师具备专业的心理知识和技能，也需要学校提供足够的支持和资源。

最后，心理健康教育应该关注学生的心理发展。学生在校期间的心理状态会随着年龄、环境和经历的变化而变化。因此，心理健康教师不仅需要教授知识，还需要关注学生的心理发展过程，及时调整教育策略。

然而，开设心理健康教育必修课程并不是一件容易的事情。一是心理健康教育需要专业的教师。这需要学校在师资队伍建设上投入更多的资源。二是实施个性化的心理健康教育需要对每个学生进行深入了解，这对于教师的专业能力提出了更高的要求。三是为了保护学生的隐私，学校需要建立一套完善的隐私保护制度。

七、构筑网上心理咨询平台

当今社会，网络已经深深融入大学生的生活之中，学生离不开网络，网络也不能没有学生群体。将心理健康教育搬上网是该课程发展的必由之路。具体而言，高校可从以下两方面入手：一是在互联网开设咨询专栏，并且提供相应的心理健康测试、在线心理小游戏等内容，让学生拓展与心理健康有关的知识面，以浓厚的兴趣在线完成学习心理知识的任务，并积极参与在线心理咨询；二是设立心理咨询专用邮箱和在线心理咨询热线，为学生打通心理服务渠道，确保心理健康教育顺利开展并扩大覆盖范围。为确保心理咨询安全，做好网络心理咨询的组织管理工作，高校要成立专门的管理小组，严格监管咨询信息，确保在线辅导的严肃性。同时，高校要严把制度关，不准发表诽谤心理咨询师的言论，不准发表庸俗低级言论，确保心理辅导环境良好。

八、创建大学生心理聊天室

心理聊天室和心理咨询室类似，但是又有所不同，咨询室类似"看医生"的过程，"患者"需要将"病情"告知，之后会获得相应的建议，聊天室则更加侧重一种平等关系，对话双方是平等的，这样更容易让学生放下心里的芥蒂，以更加真实的心态面对他人和自己。

目前，学生的心理问题多表现在人际关系、恋爱、学习等方面。这些都是发展性问题，如果不及时解决，就会影响学生的潜能发展和个体成长。

创建心理聊天室的目的是为学生提供一个可以"敞开心扉"的场所。心理聊天室不同于心理咨询室，心理聊天室更加强调轻松、诙谐的对话氛围，其也是心理辅导的一种。合理的场景构建与环境布置可以让学生获得愉悦感。心理聊天室借鉴心理咨询中的要素和部分技巧，将两者结合在一起，产生了一些意想不到的效果。在聊天室聊天的过程中，学生放下了警备心，表达了自己内心的真实感受，有利于心理辅导教师找到学生的症结，从而采取有效的干预措施。

九、推行同伴辅导

朋友是学生解决困难最重要的帮助力量，朋友是引导学生向何处寻求帮助的重要信息提供者。长期以来，同伴辅导因填补了专业导师短缺的空白而备受推崇。同伴辅导计划可以将辅导服务扩展到所有学校，使同伴辅导具有预防性和综合性。总的来说，同伴辅导是一种可行且有用的辅导。目前，同伴辅导的主要类型有以下两种：

第一，同伴教学。同伴教学是一种同伴之间互相教导、共同提高的辅导方式。其主要概念是"青年帮助青年"。

第二，同伴调解。同伴调解是同伴辅导计划的核心，是同伴广泛使用的一种方法，可以解决同伴之间的纠纷和冲突。

成功的同伴辅导计划主要包括四个方面：学校组织和培训同伴导师、学生选择同伴导师、同伴咨询的协作行动、同伴的实际行动产生的影响。这四个方面构成一个完整的闭环，但最重要的还是第一步：由高校完成的同伴导师培训，这一环节如有欠缺，则直接导致后面环节难以进行。成功的同伴辅导可以起到专业的支撑作用，为学生提供心理服务；构建学生和学校的沟通桥梁，让学校能够及时、准确地掌握学生的心理动态。此外，同伴辅导还是一种自主、自助服务，参与者在帮助他人的同时，也能让自身获得一定的发展。

同伴辅导的运行成本其实远低于专业导师辅导的成本，非常适合在学校中推广。并且同伴辅导有着特殊的意义和价值，该项工作的有序推进能在学生心理辅导的过程中起到十分关键的作用。但是同伴辅导并不是一个万能的解决方案，不能过分依赖这种方式。学生个体的差异性决定了同伴辅导并不一定能让所有学生都取得满意的效果，且学生本身也属于知识储备不足的群体，必要时教师干预是必不可少的。

第三节　大学生心理健康教育的评估及其作用

评估是教育工作中的一个重要环节，尤其是心理健康教育，对其效果的评估对于教育质量的提高具有重要作用。对于大学生心理健康教育而言，评估不仅可以帮助教育工作者了解教育活动的实效性，还可以为后续的教育活动提供参考和指导。

一、评估方法的选择与应用

评估作为心理健康教育的核心环节，其方法的选择与应用直接影响到教育成果的准确性与效果。特别是在大学生群体中，由于他们的独特性格、成长背景和心理需求，评估方法的选择与应用显得尤为关键。

（一）评估方法的多样性与适应性

多样性意味着在评估中可以采用多种不同的方法和工具。在大学生心理健康教育评估中，这一特点尤为明显。量化的评估方法，如问卷调查，可以提供大量的统计数据，有助于对大学生群体的心理健康状况进行宏观的分析和判断。而定性的评估方法，如深度访谈、焦点小组讨论等，可以深入挖掘学生的个体经验和感受，为教育者提供更为细致和深入的反馈。

适应性则要求评估方法能够根据具体的评估目的、受众特点和现有资源进行灵活调整。例如，当评估目的是了解大学生的心理健康状况和需求时，深度访谈可能更为合适，因为它可以获取学生的深层次感受。而当评估目的是评价某一心理健康教育项目的普及效果时，问卷调查可能更有优势，因为它可以迅速收集大量数据。此外，评估方法的选择还需要考虑受众的特点。例如，对于文化背景、性别、年龄等方面存在差异的学生群体，教师需要采用不同的评估工具和方法。

（二）评估方法的综合应用与互补性

从评估方法的综合应用与互补性角度来看，为了克服单一评估方法的局限性，教育工作者往往需要采用多种方法进行综合评估。这种综合评估的方式可以从多个角度、多个层面对学生的心理健康状况进行全面和深入的评价。例如，教师在评估时可以使用问卷调查和深度访谈两种方法，这样既可以获取大量的统计数据，又可以深入了解学生的个人经验和感受。教师在评估中也可以使用行为观察和学生自我报告两种方法，这样可以从不同角度全面了解学生的心理健康状况。这种综合应用的方式，不仅可以更好地利用每种方法的优势，还可以有效地弥补其局限性。

（三）评估方法的创新与发展

使用基于大数据和人工智能技术的评估工具是近年来评估领域的一个重要发展方向。这些工具可以自动收集、整理和分析学生的在线行为数据，从而为心理健康教师提供更为精准和实时的反馈。例如，通过分析学生在学习平台上的行为轨迹，可以了解学生的学习习惯、情感状态和社会交往等方面的信息，这些信息可以为教育工作者提供有关学生心理健康状况的重要线索。

一些新兴的评估方法，如心理生理测量方法，也为大学生心理健康教育评估带来了新的机会。教师可通过心理生理测量方法测量学生的生理指标，如脑电、心率变异性等，以此了解学生的情感和认知状态。

教育工作者在采用这些新方法时，不仅要关注其技术特点和应用价值，还要对其进行批判性思考，确保评估的科学性和伦理性。例如，大数据评估工具虽然可以提供大量的数据，但也可能存在隐私安全问题和数据安全问题。

二、评估指标的确定与应用

在大学生心理健康教育中，评估不仅是对教育活动的一个反馈，更是对教育效果的直接体现。而评估的准确性、客观性和科学性，很大程度上取决于评估指标的确定与应用。

（一）评估指标的系统性与全面性

评估指标的系统性意味着所有的指标都是相互关联、相互影响的，它们共同构成了一个有机的整体。以大学生心理健康教育为例，学生的心理健康知识掌握程度不仅体现了他们对教育内容的理解程度，还间接影响到他们的心理健康行为习惯。当学生对某些心理健康知识有了深入的了解，他们在遇到心理挑战时，更可能采取有效的应对策略。因此，这些指标都是相互关联的，缺一不可。而全面性要求评估指标要覆盖心理健康教育的各个方面，确保没有遗漏。这不仅是对教育内容的全面覆盖，更是对教育效果的全面评估。例如，心理问题的发生率虽然是一个负面指标，但它却为教育工作者提供了宝贵的反馈，帮助他们了解教育活动在某些方面可能存在不足，从而为后续的教育活动提供指导。

（二）评估指标的可操作性与实用性

评估指标的可操作性主要关注于指标是否容易在实际场景中执行。一个好的指标不仅需要具有明确的定义，还需要有相应的衡量标准和数据来源。例如，如果指标是评估学生心理健康知识的掌握程度，那么标准化的测试题目就变得尤为关键。这些题目需要经过严格的设计和验证，确保其既能准确反映学生的知识掌握情况，又能在实际操作中迅速、高效地完成。而实用性强调指标在实际评估中的应用价值。一个实用的指标不仅要提供准确的评估结果，还要为教育工作者在教育活动中提供实际的指导。以心理健康行为习惯为例，对这一指标的评估需要结合具体的行为观察和记录。这样，不仅可以确保评估结果的真实性和客观性，还可以为教育工作者提供关于学生行为模式的深入洞察，帮助他们在后续的教育活动中做出更有针对性的调整。

（三）评估指标的动态性与适应性

评估指标的动态性主要体现在其能够及时反映大学生的心理健康需求和问题的变化。随着时间的推移，大学生所面临的心理压力和挑战也在不断演变。例如，当前的学生可能更加关心与社交媒体相关的心理问题，而这在十年前可能并不是关注的焦点。因此，固守过去的评估指标，可能会导致评估结果失去现实意义。

适应性则更多地强调评估指标与当前教育目标和社会背景的匹配度。教育目标和策略可能会因国家政策、学校定位或其他外部因素而发生变化，为了确保评估活动能够真实反映教育成果，评估指标也需要进行相应的调整。例如，如果学校决定更加重视培养学生的心理韧性，那么相关的评估指标也应当被纳入其中。

为了确保评估指标的动态性与适应性，教育工作者应当定期对其进行审查和修订。这不仅需要参考当前的教育研究成果，还需要结合学校的实际情况，进行有针对性的调整。此外，教育工作者也可以考虑引入新的评估指标，以反映教育的最新趋势和发展，从而确保评估的科学性和前沿性。

三、评估结果的分析与反馈

大学生心理健康教育评估的真正价值不仅在于收集数据，更在于对这些数据进行深入、细致的分析，并根据分析结果进行及时、有效的反馈。这一过程对于确保心理健康教育活动的连续性和针对性至关重要。以下从两个方面对大学生心理健康教育中评估结果的分析与反馈进行探讨，具体内容如下：

（一）评估结果的深入分析

评估结果不仅是对过去教育活动的一个反馈，更是对未来教育策略调整的一个指引。对评价结果进行分析，主要是为了知晓教育活动中的实际效果，识别可能存在的问题，以及为后续的教育策略提供科学的依据。

通过对评估数据的统计分析，教育工作者可以直观地看到学生心理健康知识的掌握情况，以及他们在日常生活中的心理健康行为表现。这为教育工作者提供了一个宏观的视角，使他们能够更为全面地了解到教育活动的总体效果。而比较分析和趋势分析可以帮助教育工作者了解心理健康教育的短期变化和长期趋势，这对于捕捉教育活动中可能存在的问题尤为关键。

交叉分析的重要性也不容忽视。因为大学生群体是一个多元化的群体，他们有着不同的文化、家庭背景，有着不同的学习和生活经历。因此，心理健康教育对于不同的学生群体可能会产生不同的效果。通过对不同群体、不同背景的学生进行交叉分析，教育工作者可以更为准确地了解到哪些策略对于特定的学生群体更为有效，哪些策略可能需要进行调整。

（二）评估结果的及时反馈

评估结果的及时反馈在大学生心理健康教育中起到了至关重要的作用，它涉及教育活动的针对性、实效性和连续性。反馈不仅是简单地将评估数据呈现给相关的参与者，更是一个信息交流、互动和调整的过程。

当教育工作者将评估结果反馈给学生时，这意味着他们为学生提供一个了解自己心理健康状况的窗口。学生可以通过这些反馈了解到自己在心理健康知识掌握、心理健康行为习惯等方面的具体表现，从而对自己的学习和行为进行相应的调整和完善。这种反馈不仅可以帮助学生提高自我认知和自我管理的能力，还可以激发他们对心理健康教育的兴趣和参与积极性。

评估结果的反馈也为学校管理部门和教育研究机构提供了宝贵的信息资源。学校管理部门可以根据这些反馈调整教育策略和资源分配，确保心理健康教育的实效性和连续性。而教育研究机构可以利用这些数据进行深入研究，为心理健康教育的理论和实践提供新的视角和思路。评估结果的分享和交流对于推动心理健康教育的整体发展也是不可或缺的。通过与其他学校和机构的交流合作，教育工作者可以相互学习、借鉴，共同探索更为有效的教育方法和策略。这种交流合作不仅有助于提高教育活动的质量和效果，还可以促进心理健康教育的创新和发展。

四、评估对后续教育活动的指导作用

评估在教育领域的应用超越了单纯的效果衡量，成为教育活动不断完善和创新的重要依据。在大学生心理健康教育中，评估为后续教育活动提供了一定的指导，帮助教育者更加精准地满足学生的需求。

（一）针对性的教育内容调整

在大学生心理健康教育中，学生的需求和问题是多种多样的，而且随着时代和社会环境的变化，这些需求和问题也在不断演变。因此，教育内容不能固定不变，而应随着学生的需求和社会的发展进行适时的调整。这种调整不仅涉及教育内容的选择和组织，还涉及教育方法和策略的优化。

当评估结果揭示出学生在某个心理健康领域存在知识盲点或理解难点时，教育工作者可对教育活动进行反思和调整。这时，教育工作者应当重新审视该领域的教育内容和方法，思考如何更好地帮助学生克服困难，掌握关键知识。这可能涉及加强某些主题的教学，引入新的教学资源，或者采用新的教学策略。这种针对性的调整，旨在确保学生在支持性和有效性并重的环境中全面、深入地掌握心理健康知识。针对性的教育内容调整还体现在对学生个体差异的尊重和关注上。每个学生的学习背景、知识结构和学习习惯都是独特的，因此，教育内容和方法也应当具有一定的灵活性，以适应不同学生的需求。这可能涉及为不同的学生群体设计不同的教学方案，或者根据学生的反馈和建议对教育内容进行微调。

（二）策略与方法的优化

教育方法和策略在心理健康教育中占据着举足轻重的地位。不同的教育方法和策略可能适用于不同的学生群体、不同的教育环境和不同的教育目标。因此，当评估结果揭示出某一教育方法或策略的效果不尽如人意时，教育工作者应摆脱传统和习惯，勇于创新，寻找更为适应当前教育需求的方法和策略。

教育方法创新可能涉及教育理念、教学手段、教育资源等多个层面。例如，传统的面对面授课方式可能在某些情境下效果不佳，而线上互动、小组讨论、案例分析等新的教育方法可能更有利于学生的心理健康知识的吸收和应用。而教育策略的优化可能涉及教育目标的调整、教育内容的重组、教育活动的设计等方面。教育方法和策略的优化并不是简单的模仿和替换，教育工作者需要根据自己的教育实践经验，结合评估结果，进行有针对性的调整和创新。这种调整和创新旨在更好地满足学生的心理健康需求，提高教育的实效性和针对性。

（三）提高教育活动的持续性与连贯性

教育的持续性与连贯性意味着教育活动不是孤立和零散的，而是形成一个有机的整体，每一个环节都与前后相连，共同服务于整体的教育目标。而评估为教育工作者达成目标提供了关键的数据支持。这些数据不仅反映了学生当前的知识和技能掌握情况，更揭示了他们的心理健康需求的变化趋势。这种趋势分析有助于教育工作者了解学生的实际需求，预测未来可能出现的问题，从而提前做好准备。例如，如果评估数据显示大多数学生在某一心理健康领域的知识掌握情况良好，但在另一领域存在明显的不足，那么教育工作者可以及时调整教育内容，强化后者，确保学生能够全面、均衡地掌握心理健康知识。

通过对评估数据的深入分析，教育工作者还可以了解到不同学生群体的特定需求，制定出更为个性化、有针对性的教育方案。这不仅可以提高教育的实效性，还可以加强学生的学习兴趣和动力，进一步确保教育活动的持续性与连贯性。

第四节　大学生心理健康教育中的挑战

随着时代的发展和社会的变革，大学生心理健康教育面临着许多前所未有的挑战。这些挑战不仅来自外部环境的变化，也与大学生自身的特点和需求紧密相关。对于教育工作者而言，了解并应对这些挑战是提高教育质量和效果的关键。

一、社会环境的快速变化对大学生心理健康状况的影响

社交媒体作为现代信息技术的一个重要组成部分，为大学生提供了新的社交平台和方式。然而，这并不意味着它仅仅带来了积极的影响。事实上，社交媒体的普及和大学生对其的依赖已使大学生不仅面临传统的社交压力，还必须应对网络环境中的特有压力，如网络欺凌和信息过载。这种新型的社交压力可能导致他们在心理方面出现问题，如网络成瘾、焦虑和抑郁等。

现代社会中其他的环境因素，如就业市场的激烈竞争、家庭结构和关系的变革，也为大学生带来了额外的心理压力，使得他们在步入社会时不得不面对与前人不同的职业和生活挑战。

针对这一环境下的大学生，如何进行有效的心理健康教育，是教育工作者需要深入思考和研究的课题。只有充分认识到这种环境变革对大学生心理健康状况的深远影响，教育工作者才能制定出真正切合实际、具有前瞻性的心理健康教育策略，帮助大学生应对现代社会的各种挑战，促进他们全面健康发展。

二、大学生自身特点与需求的多样性

在当代高等教育领域，大学生群体呈现出日益丰富和复杂的多样性。这种多样性不仅体现在表面上，而且深入每一位大学生的内心世界和生活经历中。这种深层次的多样性为心理健康教育带来了新的挑战和机遇，迫使教育工作者重新审视传统的教育方法和策略。

每一位大学生都带着其独特的人生背景和经历走进大学的校园。这些背景和经历使他们形成了独特的性格特点、价值观和世界观，同时影响了他们的学习方式、人际交往和心理健康的需求。例如，来自农村的

大学生可能面临与城市学生不同的心理压力和挑战，而不同性格特点的学生可能对心理健康教育的方式和内容有着不同的期望和需求。

随着大学生对自我认知的不断加深，他们对心理健康教育的需求也在发生变化。例如，大一新生可能更关心如何适应大学生活，建立新的人际关系，而大四毕业生可能更关心如何面对即将到来的就业，如何面对人生的转折点等问题。

在这种背景下，心理健康教育不能再采取传统的"一刀切"方法，而需要更加注重每位学生的个体差异和实际需求。这意味着教育工作者需要深入了解每一位学生的背景、经历、性格和需求，从而为他们提供更为个性化、有针对性的心理健康教育。同时，教育工作者还需要与学生进行真诚的沟通和互动，及时了解他们的变化和需求，从而不断调整和完善心理健康教育的内容和方式。

三、心理健康教育资源的不足与分配不均

在当代高等教育体系中，心理健康教育已被普遍视为学生全面发展的重要组成部分。然而，与这一认知背离的是，许多高校在实际操作中存在心理健康教育资源不足的问题。这不仅妨碍了心理健康教育的深入推进，也可能导致学生的心理问题加剧。心理健康教育资源的不足表现在多个方面，其中最为关键的是专业心理健康教育师资的短缺。尽管近年来各高校纷纷增加了心理健康教育的投入，但部分学校仍然缺乏经过专业培训、具备丰富经验的心理健康教育工作者。这导致很多心理健康教育活动的实施效果并不理想，甚至可能带来反效果。

除了师资短缺，心理健康教育设施和工具的不足也是一个不能忽视的问题。例如，很多学校尚未建立专业的心理咨询中心，或者心理咨询中心的规模和设施远远不能满足学生的需求。这导致许多需要心理咨询的学生得不到及时有效的帮助，进一步加重了他们的心理负担。心理健康教育资源的分配不均也是一个长期存在的问题。在一些资源丰富、条

件优越的学校和地区，心理健康教育资源可能远远超过实际需求，导致资源的浪费；而在一些资源紧张、条件落后的学校和地区，心理健康教育资源则严重不足，导致学生的需求得不到满足。这种资源的分配不均，不仅加剧了不同学校和地区之间的教育差距，也可能导致资源的低效使用。

为了应对这些挑战，教育工作者和决策者需要采取一系列措施。首先，应加大对心理健康教育师资的培养和引进力度，确保每所学校都有足够数量和质量的专业人员。其次，应加大对心理健康教育设施和工具的投入，建立和完善心理咨询中心，为学生提供更为专业、便捷的服务。最后，应建立起一个公平、科学的资源分配机制，确保心理健康教育资源能够根据实际需求进行合理分配，从而实现资源的高效利用。

第三章 ◀

体验式教学概述

第一节 体验式教学的概念与基本特点

一、体验式教学的概念

体验式教学是一种教学方法，强调通过亲身经历和实践活动来激发学生的学习兴趣，提高学生的参与度。在体验式教学中，学生通过实际参与和亲身体验，积极探索、发现和构建知识，从而深化对学习内容的理解和应用。体验式教学注重学生的主动性、合作性和创造性，旨在提供更丰富、有意义的学习经历。

首先，体验式教学通过提供真实和具体的情境，使学习内容更加贴近学生的实际生活。学生可以通过实际操作、实地考察、模拟实验等活动来探索和发现知识。例如，学生可以通过参观博物馆、实地考察生态环境、进行实验操作等方式，亲身感受和体验学科知识的意义和应用。

其次，体验式教学强调学生的参与和合作。学生可以在团队合作中互相交流、讨论和合作解决问题。通过小组讨论、角色扮演、小组合作等活动，学生可以培养团队合作能力、沟通能力和解决问题的能力。这种合作性的教学方式也可以促进学生的社交互动和人际关系发展。此外，体验式教学注重学生的创造性思维和实践能力的培养。学生可以在实践活动中尝试新的想法，快速找到解决问题的方法，并获得反馈。这种创造性的教学过程可以培养学生的创新意识，提高他们解决现实问题的能力。

此外，体验式教学还具有激发学生学习兴趣、提升学习动机的优势。学生在实践活动中能够亲身体验和感受到学习的乐趣和成就感，从而更加积极主动地参与学习。如此一来，他们的学习动机和学习目标就更加明确，学习效率会大大提升。

然而，体验式教学也面临一些挑战。一方面，教师需要精心设计和准备实践活动，并在实施体验式教学时灵活应对学生的需求和反馈，对学生进行个性化指导和评估；另一方面，学校也需要提供相关设施和材料。

二、体验式教学的基本特点

体验式教学的基本特点包括体验性、整体性、独特性、自主性、生成性、开放性、实践性和创新性，具体如图 3-1-1 所示。

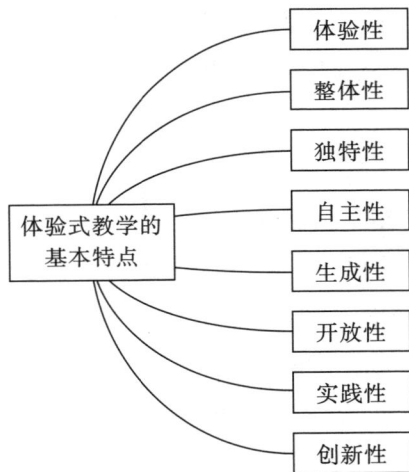

图 3-1-1 体验式教学的基本特点

（一）体验性

体验式教学的核心是提供逼真、活动中心化和参与式的学习环境，让学生在该环境下学习和掌握知识。可以说，体验式教学的体验性是其核心特质。体验式教学的体验性主要体现在以下三个方面：

1. 构建仿真体验情境

体验式教学需要创造一个情境，这个情境应尽可能地模拟人们在现实生活或工作中可能遇到的场景。例如，在大学生心理健康教育中，教师可以构建仿真体验情境，让学生体验压力管理、冲突解决或团队协作等过程。这个情境应该是有趣、刺激、充满挑战的，足以引起学生兴趣的。

2. 充分体验情境

在仿真体验情境中，学生不再是被动的接受者，而是主动的参与者。他们需要亲自投入情境中，通过观察、感知、思考、行动等方式，全身心地体验和参与这个过程。这种参与性体验可以让学生在实践中学习和理解知识，而不仅仅是在头脑中理解。

3. 在体验中充分发展

体验式教学的目标不仅仅是让学生理解知识，更重要的是让他们在体验中发展和成长。通过体验，学生可以学习如何处理问题，如何应对挑战，如何与他人合作，如何管理自己的情绪，等等。这些经验和技能在他们的未来生活和工作中将发挥重要作用。

体验式教学可以提高学生的能力和技巧，促进他们全面发展。此外，由于体验式教学更加贴近实际，所以其对学生的吸引力也更大，可以激发学生的学习兴趣和热情，增强他们的学习动力。总的来说，体验式教学的体验性是其成功的关键，也是其与其他教学方式的本质区别。

（二）整体性

体验式教学强调整体性，这要求教师构建的体验情境做到以下三点，完整、充分、全面。

1. 完整

完整是指环节的完整。教学情境不能随意构建，必须有一定的价值，且各环节较为完整。

2. 充分

充分强调参与者对情境的充分体验。其要求参与者多感官、全身心地投入其中，而不是简单地进行话语上的沟通。

3. 全面

教育的归宿是人的全面发展。这和体验式教学的方向是一致的。全面的体验能带给学生全面的感受，促进学生全面发展。这种发展不仅仅体现在知识与技能上，还体现在过程与方法、情感态度与价值观上。

（三）独特性

体验式教学是一种强调学生主体性、独特性和自主性的教学方式。它认为每个学生都是独立的、独特的，他们的心理和性格各不相同，所以他们的学习体验也应该是独特的。在这个过程中，学生不再是被动的接受者，而是主动的参与者和创造者，他们可以根据自己的兴趣、爱好、需求和情感，选择自己想要体验的内容，确定自己的学习目标，定义自己的学习成果。

体验式教学的这种独特性体现在它的教学目标、教学内容、教学方法和教学评价等方面。首先，体验式教学的目标是全面发展，注重学生身心健康、情感态度、价值观念、社会技能等多方面的发展，尤其重视学生的个性发展。其次，体验式教学的内容是丰富多样的，包括生活体验、社会体验、自然体验等各种体验，这些体验都是根据学生的实际需求和兴趣来确定的。再次，体验式教学的方法是活动化的、情境化的、参与式的，强调学生的实践操作、实际体验和主体参与。最后，体验式教学的评价是过程性的、开放性的、多元性的，注重学生的过程体验和个性表现，而不仅仅是结果。

这种以学生为主体、以体验为核心、以全面发展为目标的教学方式，有力地推动了教育的人文化、个性化和生活化。在这个过程中，每个学生都可以根据自己的兴趣和需求，选择自己想要的体验，体验自己的生活，体验自己的成长，体验自己的未来。他们可以在体验中发现自己的兴趣，发掘自己的潜能，培养自己的能力，形成自己的人格。这就是体验式教学的独特性，也是它的魅力所在。

（四）自主性

在体验式教学中，学生被赋予更多的自主权和控制权，能够根据自己的兴趣和需求来选择和决定学习内容和学习方式。由此可知，自主性是体验式教学的一个关键特征。这种自主性主要体现在以下四个方面：

1. 学习目标的设定

在体验式教学中，学生可以自己制定学习目标。他们可以根据自己的学习需求和兴趣来确定学习目标，使学习更加具有针对性和个性化。通过制定学习目标，学生能够更加明确自己的学习意愿，增强学习的主动性和积极性。

2. 学习内容的选择

在体验式教学中，学生可以自主选择学习内容。他们可以根据自己的兴趣和需求选择感兴趣的主题或领域进行学习，从而增强学习的主动性和参与度。通过自主选择学习内容，学生能够更好地与学习活动产生共鸣，提高学习动机和学习效果。

3.学习方式的决策

在体验式教学中，学生可以自主决策学习方式。他们可以选择适合自己的学习方式和策略，如个人研究、小组合作、角色扮演等，以满足自己的学习需求。通过自主决策学习方式，学生能够更好地发挥自己的学习优势和特长，提高学习效果。

4.学习过程的探索

在体验式教学中，学生有机会探索学习过程。他们可以通过实践、尝试和反思来不断调整和改进学习策略和方法，积极参与学习过程的探索。通过自主探索学习过程，学生能够培养自主学习和问题解决的能力，提高学习的深度和广度。

（五）生成性

体验式教学的生成性体现在多个方面。它通过实际的、有意义的经验激发学习者的学习兴趣和动力。与传统的、以教师为中心的教学方法不同，体验式教学将学生置于教学的中心，让他们通过探索、实践来学习，这不仅能够激发学生的学习兴趣，还能够帮助他们更好地理解和掌握知识和技能。体验式教学通过提供实际操作的机会，引导学生将理论知识与实际应用相结合。学生不再是被动接受知识的容器，而是成为主动探索和应用知识的实践者。通过实践，学生能够更好地理解理论知识，也能够将理论知识应用于实际问题的解决中。体验式教学促使学生发展批判性和创造性思维。在体验式教学的过程中，学生需要不断地分析问题，寻找问题的解决方案，进行决策和反思。这一过程有助于培养学生的批判性和创造性思维能力，也有助于提高学生的问题解决和决策制定能力。体验式教学还有助于培养学生的团队协作和沟通能力。在体验式教学环境中，学生常常需要与他人一起合作，共同完成任务和项目。这样不仅能够提高学生的团队协作和沟通能力，还能够帮助他们建立有效的人际关系。

（六）开放性

在体验式教学中，学生通过亲身参与和实践，以及对体验到的情境的感知和思考，获得对知识和概念的认识和理解。这种开放性的教学过程不仅侧重学生的实践体验，还注重学生的自主思考和感受，让学生亲身体验并感受到"实践出真知"的道理。

体验式教学的开放性体现在过程的开放上。在体验式教学中，教师提供了丰富的学习资源和情境，鼓励学生自由探索和实践。学生可以自主选择感兴趣的学习内容、参与各种实践活动，并在教师的引导下进行反思和总结。这种开放的过程使得学生能够更好地发掘自身潜能，培养创造性思维和解决问题的能力。

体验式教学的开放性体现在结果的开放上。与传统教学不同，体验式教学并不追求唯一的标准答案。在体验式教学中，学生得出的结果往往是多样化的，甚至可能是对立的。学生通过自己的体验和思考，对学习内容进行个性化的理解和表达。体验式教学注重培养学生的创造性思维和批判性思维，鼓励学生提出不同的观点和解决方案，从而促进学生的思维开放和创新能力的发展。

体验式教学的开放性为学生提供了更大的自由度和发展空间。学生可以根据自身的兴趣、能力和需求，自主选择学习内容和学习方式，并在实践中探索和发现新的知识和经验。这种开放性的教学模式培养了学生的自主学习能力、创造性思维和解决问题的能力，使他们能够更好地适应未来社会。

（七）实践性

在体验式教学中，学生不仅能接受知识，更能通过自己的实际体验和参与，主动地探索、实践和应用所学的内容。可见，体验式教学具备实践性。

体验式教学的实践性体现在感官知觉上。学生通过观察、实践和亲身体验，以多感官参与的方式，深入了解所学的知识和概念。他们可以通过触觉、听觉、视觉、嗅觉等直接感知和理解事物，从而加深对知识的认识和记忆。这种实践性的体验使学生能够更好地理解和应用所学的内容。

体验式教学的实践性体现在脑力劳动上。在体验式教学中，学生需要通过思考和解决问题来应用所学的知识。在学习过程中，他们会遇到各种学习困境和挑战，需要动脑思考和分析，从中获得解决问题的策略和方法。这种脑力劳动的实践培养了学生的思维能力和问题解决能力，使他们能够更好地应对现实生活中的各种情况和挑战。

体验式教学的实践性还表现在学生将自己的见闻和体验融入其中。学生可以结合自己的经历和感受，参与体验式教学的活动中，从个人的角度出发，对所学的知识进行个性化的理解和表达。这种实践性的体验使学生能够更加深入地理解和应用所学的内容，并将其与自己的生活经验和观点相融合。

通过体验式教学的实践性，学生能够更加全面地理解和应用所学的知识，培养实践能力和创新能力，增强解决问题的能力。这种实践性的教学模式使学生更具有实际操作和应用所学知识的能力，为他们的未来学习和职业发展奠定了坚实的基础。

（八）创新性

体验式教学鼓励学生在实践中进行发现性学习和深入研究。学生通过亲身实践和参与，积极探索和发现新的经验和知识，不断打破自己的认知边界。这种发现性的学习使学生能够超越传统的知识传授，培养创新思维和问题解决能力。

体验式教学强调学生的主动参与和个性化学习。学生在体验式教学中可以根据自己的兴趣、需求和能力进行个性化的学习和探索。他们可以选择自己感兴趣的主题或项目，并通过创造性的方式进行表达和实践。这种个性化的学习方式激发了学生的创新潜能，促使他们提出新的观点和解决方案。

体验式教学注重多元化的学习方式和资源的创新应用。教师在设计体验式教学活动时可以采用多样化的教学手段，如角色扮演、情境创设等。同时，教师可以借助新技术和在线资源，为学生创造全新的学习环境和体验。这种多元化的学习方式和资源的创新应用能够激发学生的创造力和想象力，培养学生的创新能力和创新思维。

体验式教学强调学生的反思和再体验。学生在体验式教学中不仅要进行实践和体验，还要通过反思和再体验来深化对所学知识的理解和应用。他们通过回顾和总结自己的学习经历，发现和强化新的认知和体验，从而不断创新和完善自己的学习过程。这种反思和再体验的循环过程培养了学生的反思能力和创新意识。

第二节 体验式教学的历史发展

一、起源与早期实践

体验式教学作为一种富有实践性和参与性的教育方法，历史深远，与人类教育史相伴而生。古代教育的核心往往是"体验"，这源于早期社会的生存需求。在农耕、狩猎和手工艺的社会中，技能的传授往往是通过亲身实践、模仿和尝试来完成的，这种实践学习形式确保了技能的有效传递和人民的生存。进入文明史册的古代文明，如古埃及、古希腊和古罗马文明，虽然已经有了较为系统的教育制度，但仍然注重实践和体验。例如，古希腊的教育注重德育和体育，其目的是培养全面发展的公民，这种教育方法也强调了实践和体验。学生不仅要接受知识，还要通过实际活动来培养品德和锻炼身体。

真正将"体验"提升到教育哲学高度的，是近代的教育家杜威。杜威认为，学习不应仅仅是对知识的接受，而应该是一个与实际生活经验紧密结合的过程。他认为，知识和技能的学习应当建立在实际经验的基础上，这样才能确保学生能够深入理解和应用。他提出的"从做中学"的观点，为后来的体验式教学提供了理论基础。杜威的思想受到了许多教育家的关注，他们认为，学生应该在真实或模拟的环境中学习，而不是仅仅在课堂上。这种教育方法更有利于学生的全面发展，能够培养他们的批判性思维、创造性和解决问题的能力。

二、20 世纪中期的探索与深化

20 世纪中叶，随着科技的快速进步和文化变革，教育领域呈现出前所未有的活跃与创新状态。在这一时期，教育界普遍认为传统的教育方法无法满足现代社会的需求，需要寻找新的教育方法。在这样的背景下，体验式教学得到了广泛的关注和应用。20 世纪 50—70 年代，随着教育改革的深入，体验式教学开始从理论走向实践。许多学校和教育机构开始尝试实施体验式教学，通过各种形式的实践活动，使学生在真实或模拟的环境中学习。这一时期，体验式教学不仅被应用于基础教育，还被广泛应用于职业教育和成人教育，并且取得了显著的教育效果。

科尔布（Kolb）等学者在这一时期对体验式教学进行了深入的研究和探索。科尔布提出了"体验式学习循环"理论，并且认为，学习可以分为"抓住经验"（perceiving）和"转化经验"（processing）两个过程。人们可以将"抓住经验"理解为感知、获取信息的过程；可以将"转化经验"理解为信息加工运用的过程。这一理论为体验式教学提供了坚实的理论基础，使其从一个简单的教学方法发展为一个完整的教育哲学。

在科尔布的理论中，具体的体验是学习的起点，学生通过实际的体验来感受和了解知识。在体验的基础上，学生进行反思观察，对体验进行深入的思考，以形成自己的见解。在此基础上，学生进一步形成抽象概念，对知识进行系统性整合。最后，学生通过实践将知识应用于实际生活中，完成学习的循环。此外，科尔布还强调了学习风格的差异，认为不同的学生有不同的学习风格，需要采用不同的教学方法。这为体验式教学的个性化教育提供了理论支持，使其能够更好地满足学生的个性化需求。

科尔布的理论得到了广泛的认可和应用，许多学校和教育机构在此基础上开展了体验式教学活动。例如，许多学校开设了实验课程、实践课程和实习课程，使学生能够在真实的环境中学习。还有一些教育机构开展了各种形式的体验式教育活动，如实地考察、社会实践和志愿者活动，使学生能够在实践中学习和成长。

三、现代应用与推广

体验式教学作为一种将实践与学习紧密结合的教学方法，在现代社会得到了广泛的应用和推广。其在教育领域的发展并未止步，反而随着技术的进步和社会对教育的新需求，应用于各个领域中，展现出其持久的活力和广阔的应用前景。

在教育领域，体验式教学已经不仅仅局限于基础教育阶段，大学和研究生阶段也逐渐采用这种教学方法，尤其在商业、医学、工程等专业中。例如，在商学院的 MBA 课程中，学生经常通过实际的案例研究、商业模拟游戏等方式，体验商业决策的全过程，从而加深对商业知识的理解和掌握。

在艺术领域，体验式教学使学生能够通过实际的创作活动，如绘画、雕塑、音乐创作等，来体验和理解艺术的创作过程和内涵。这种教学方法不仅可以培养学生的艺术技能，还可以激发他们的创意和想象力，使他们能够创作出具有个性和创新性的艺术作品。

在商业领域，体验式教学也得到了广泛的应用。许多企业和机构采用这种教学方法来培训员工，以此提高他们的职业技能和综合素质。通过实际的工作实践、项目管理、团队合作等活动，员工可以更加深入地理解和掌握商业知识和技能，从而提高工作效率和创新能力。

随着技术的进步，体验式教学也与现代技术相结合，呈现出新的发展趋势。例如，虚拟现实（VR）和增强现实（AR）技术被应用于体验式教学中，使学生能够在虚拟的环境中进行实践活动，体验和学习知识。这种技术不仅可以为学生提供更为真实和生动的学习体验，还可以突破时空的限制，使学生能够在任何时间和地点进行学习。

第三节　体验式教学的基本类别

一、场景模拟类

传统的教学方法，如讲授和阅读，虽然可以传达知识，但很难让学生真正体验和感受到某一情境的复杂性和动态性。而场景模拟允许学生通过实际参与来体验这些复杂性，从而使学习更加生动、有趣和具有针对性。以模拟法庭审判为例，学生不再是被动地听讲或阅读关于法律程序的内容，而是可以扮演律师、法官、证人等角色，亲自参与到审判过程中。这样，学生不仅能够更加深入地理解法律程序和法律原则，还可以培养批判性思维、公众演讲和团队合作等实际技能。再如，在商业决策模拟中，学生可以扮演企业高层、市场分析师、产品经理等角色，参与到产品策划、市场分析、财务规划等真实的商业活动中。这种方法不仅能帮助学生理解商业决策的复杂性，还可以锻炼他们的分析、决策、沟通和团队合作能力。场景模拟还有一个显著的优势，那就是它允许学生在相对安全的环境中犯错并从中学习。在真实的世界中，一个错误的决策可能会导致严重的后果。而在模拟的场景中，学生可以尝试各种策略，看到自己的决策带来的后果，从而得到宝贵的经验和教训。但是，实施场景模拟也需要教育者具备一定的知识和技能。首先，教育者需要对所模拟的场景有深入的了解，并能够设计一个真实、有趣和具有教育意义的模拟活动。其次，教育者还需要有组织和指导学生的能力，确保模拟活动的顺利进行。

二、角色扮演类

学生扮演特定的角色，通过模拟实际情境来了解和体验角色的情感、观点和行为。角色扮演类体验式教学的优势在于，它使学生不再仅仅是知识的被动接受者，而是变成了情境的主动参与者，体验各种各样的人生角色与情境。首先，通过角色扮演，学生可以更深入地探索和体验某一角色的内心情感和思维过程。例如，在历史课堂上，学生可以扮演古代帝王、将军或者平民，感受他们在特定历史背景下的情感和挑战。这样的体验不仅可以使学生更加深入地理解历史，还可以培养他们的同理心和情感表达能力。其次，角色扮演可以帮助学生理解和体验不同的观点和立场。例如，在社会学或政治学课程中，学生可以扮演相应的角色，亲身体验他们的观点、利益和冲突。这不仅可以开阔学生的视野，还可以锻炼他们的批判性思维和辩论技能。此外，角色扮演还可以帮助学生掌握和应用知识。例如，在外语教学中，学生可以通过扮演不同的角色，如商务人士、旅行者或者家庭主妇，进行模拟对话或情境交流。这不仅可以提高学生的语言能力，还可以帮助他们了解和体验目标文化。然而，要想有效地运用角色扮演的方法，需要教育者具备一定的知识和技能。教育者需要对所教授的内容有深入的了解，并能够设计一个真实、有趣和具有教育意义的角色扮演活动。此外，教育者还需要具备引导和组织学生的能力，确保角色扮演活动的顺利进行。为了让学生真正从角色扮演中受益，教育者还需要鼓励学生在活动结束后进行反思和讨论，分享自己的体验和收获。除此之外，角色扮演还有其他的优势。它可以培养学生的创造力、表达能力和团队合作能力。在角色扮演活动中，学生需要创造性地解决问题、有效地表达自己的观点和情感，以及与其他角色进行合作和交流。

三、实地考察类

实地考察类体验式教学可以使学生更加深入地理解和掌握知识，还可以培养他们的实际技能和应用能力。对于教育者来说，有效地运用这种方法，可以大大提高教学的效果和质量。通过参观或考察特定的地点，学生能够亲身体验和观察某一领域的实际情况。

实地考察为学生提供了一个珍贵的学习机会，使他们跳出了传统的教室环境，直接接触到实际的工作、生活或自然环境。这种教学方法的价值在于，它为学生提供了一个将理论知识与实际情境结合起来的平台。

实地考察可以增强学生对某一领域的深入理解。例如，在生物学课程中，学生可以通过参观自然保护区，直接观察动植物的生活习性和生态环境，从而更加深入地了解生态系统的工作原理和生物多样性的价值。同样，在地理课程中，学生可以通过实地考察，了解地形地貌的形成过程和特点。

实地考察也可以提高学生的观察和分析能力。在实地考察中，学生需要对所观察到的情况进行记录、分类和分析，从而培养他们的科学研究技能。此外，通过与实地考察地点的工作人员或居民交流，学生还可以获得第一手的资料和信息，增强他们的采访和沟通能力。实地考察还可以开阔学生的视野。对于许多学生来说，实地考察是他们首次离开家乡，或者接触到某一特定领域或行业的机会。这种体验可以帮助学生开阔眼界，增强他们对社会和世界的认识。

为了确保实地考察的成功，教育者需要进行充分的准备。首先，教育者需要选择合适的考察地点，确保所选地点与课程内容相匹配，能够为学生提供有价值的学习体验。其次，教育者还需要与考察地点的工作人员或管理者进行沟通，确保学生的安全和考察活动的顺利进行。

在实地考察中，教育者还需要鼓励学生积极参与，提出问题。在考察结束后，教育者可以组织学生进行讨论和反思，让他们分享自己的体验和收获，从而进一步加深对所学内容的理解。

四、实验教学类

实验教学类的体验式教学可以帮助学生加深对理论知识的理解，还可以培养他们的实验技能和应用能力。对于教育者来说，有效地运用这种方法，可以大大提高教学的效果和质量。尤其适用于科学和工程领域，学生通过实验来观察、测试和验证理论。

实验教学历来是科学和工程教育的重要组成部分。与传统的理论教学不同，实验教学让学生有机会直接接触到实际的科学和工程问题，亲自动手进行研究和探索。这种教学方法不仅可以加深学生对理论知识的理解，还可以培养他们的实验技能和创新能力。

实验教学可以帮助学生验证知识和加深对理论知识的理解。例如，在物理课程中，学生可以通过实验验证牛顿的运动定律；在化学课程中，学生可以通过实验观察化学反应的过程和结果。通过这些实验，学生不仅可以直观地看到理论知识在实际中的应用，还可以更加深入地了解这些理论的含义和价值。实验教学可以培养学生的观察和分析能力。在实验中，学生需要对实验数据进行记录、分析和解释，从而培养他们的科学思维和研究技能。此外，实验还可以帮助学生发现和解决实际的科学和工程问题，培养他们的创新思维和解决问题的能力；实验教学还可以增强学生的团队合作和沟通能力。在许多实验中，学生需要与队友合作，共同完成实验任务。这不仅可以培养他们的团队合作精神，还可以锻炼他们的沟通和协调能力。同时，通过与教师和同学讨论实验结果，学生还可以增强自己的表达和沟通技能。要想确保实验教学的效果，教育者需要进行充分的准备和指导。首先，教育者需要设计合适的实验项目，确保实验内容与课程目标相匹配，能够为学生提供有价值的学习体验。其次，教育者还需要确保实验材料和设备的安全和完整，以确保学生的安全和实验的顺利进行。

在实验过程中，教育者还需要密切指导和监督学生，确保他们正确地执行实验步骤，避免实验误差和事故。教育者还可以鼓励学生提出问题，探索实验的深层含义和应用，从而进一步加深对所学内容的理解。

五、服务学习类

学生参与社区服务或志愿者活动，通过为社区提供服务来学习和体验，属于体验式教学的重要类别之一。服务学习是一种结合课堂学习与社区服务的教育方式，其核心思想是通过参与实际的社区服务活动，让学生体验到为他人提供帮助的价值，同时将所学知识和技能运用到实际生活中。这种教育方式既满足了社区的实际需求，又为学生提供了一个与真实世界接触、实践和学习的平台。服务学习可以帮助学生培养社会责任感。通过亲身参与社区服务，学生可以直接体验到他们的努力如何对他人和社区产生积极的影响，从而更加深入地理解社会责任的意义。这种体验不仅可以增强学生的道德观念，还可以激励他们在未来继续为社会做出贡献。服务学习为学生提供了一个将所学知识与实际生活结合起来的机会。无论是在医学、教育、环境保护还是其他领域，学生都可以将所学的理论知识运用到实际的社区服务中，从而加深对所学内容的理解和掌握。此外，服务学习还可以帮助学生发现并培养他们的兴趣和天赋，为他们的未来职业生涯做好准备。在服务学习活动中，教育者还需要鼓励学生反思和分享自己的体验和收获。这不仅可以帮助学生加深对服务学习的理解，还可以培养他们的批判性思维和自我认知能力。通过反思和分享，学生还可以更加明确自己的价值观和人生目标，为自己的未来做好更好的准备。

六、实习体验类

体验式教学的又一重要类别是实习体验类。实习体验类体验式教学是学生职业生涯中的一个关键环节。它为学生提供了一个理解和应用知识、培养职业技能、了解行业趋势、建立人际关系和发现自己职业兴趣的宝贵机会。通过这种学习体验，学生可以为自己未来的职业生涯做好更好的准备。学生在真实的工作环境中进行学习和实践，如医学院学生的实习、商学院学生的企业实习等。但是，要确保实习体验的效果，教育机构、工作单位和学生自己都需要付出努力。高校需要与工作单位密切合作，确保实习项目与课程内容相匹配，同时满足行业的实际需求。工作单位需要为实习生提供有意义的工作，而不仅仅是执行一些简单的任务。学生本身也需要积极参与，充分利用实习的机会，向导师和同事学习，并主动反馈和反思自己的学习过程。

七、反思讨论类

体验后的反思和讨论，不仅是体验式教学的重要类别之一，也是让学生深层次理解和内化所学内容的重要手段。通过这一环节，学生得以从个人的角度出发，回顾和分析自己在学习过程中的体验、思考和感受，进而进一步巩固所学知识、技能和情感态度。首先，反思是个体内化经验、生成深层次认知的过程。当学生参与到某个活动或学习任务中时，他们不仅仅是在获取知识，更是在进行体验。这种体验可能包括与他人的互动、与环境的交互等多种元素。在这一过程中，学生可能会获得各种情感体验。通过反思，学生得以回头看自己的行为，分析自己在面对这些情境时的思考和选择，从而识别自己的长处和短板。其次，讨论是促进知识共建、增进情感交流的场域。当学生将自己的体验、看法和思考分享给他人时，他们不仅能听到不同的声音、看到不同的视角，还能因此碰撞出新的思考火花。讨论不仅仅是知识的交流，更是情感的交融。当学生在讨论中得到他人的认同或鼓励，他们可能会更有信心和动力继续前进；而当他们听到不同的意见时，也可能会激发他们重新思考和调整自己的观点。反思讨论也是教育者了解学生内心世界的窗口。教育不仅仅是知识的传递，更是人的培养。通过反思讨论，教育者可以更真实、全面地了解学生的思考、情感和需要，从而为他们提供更为贴切的指导和支持。然而，进行有效的反思讨论并不是一件容易的事。要确保这一环节真正发挥作用，先要创设安全、开放的环境。只有在这样的环境中，学生才可能放下心防，真实地表达自己的感受和看法。此外，教育者还需要具备一定的技巧，如把握讨论节奏的技能、提出引导性问题的技能、处理不同意见和情感的技能。

八、国际交流类

在全球化的时代背景下，国际交流已经成为越来越多教育机构推崇的教育方式。因此，国际交流自然也成为体验式教学的重要类别之一。

通过与其他文化的交流，学生不仅可以亲身体验和了解不同的文化和观念，还可以培养他们的全球视野、跨文化沟通能力和开放的心态。与不同文化的交流让学生亲身体验到文化的多样性和独特性。在书本和课堂上，学生可能会了解到不同国家的历史、地理、风俗习惯，但这些知识往往是片面和静态的。真正的文化是活跃、多变、丰富的，只有通过实地的交流和体验，学生才能真正感受到文化的魅力和深度。例如，学生在听课时可能会了解到日本的茶道文化，但只有当他真正参与到茶道仪式中，体验到沏茶、品茶的过程，他才能深刻理解到茶道背后的哲学和精神。国际交流也是锻炼学生跨文化沟通能力的重要手段。在与来自不同文化背景的人交往时，学生会遇到各种沟通障碍，如语言的不通、表达方式的差异、价值观的冲突等。这些障碍迫使学生学会去倾听、去理解、去尊重和接纳他人。跨文化沟通不仅仅是一种技能，更是一种心态。它要求学生摒弃偏见、保持开放，努力寻找共同点，而不是放大差异。国际交流还可以培养学生的全球视野和公民意识。在与其他国家的学生交流时，学生不仅可以了解到不同国家的发展状况、社会问题和挑战，还可以深入思考全球性的议题，如环境保护、人权、和平与发展等。这些问题不仅关乎各个国家的利益，更关乎全人类的未来。培养学生的全球视野和公民意识，有助于他们在未来成为有责任感、有影响力的全球公民。

第四节　体验式教学与传统教学的比较

体验式教学与传统教学在教育领域中都扮演着不可或缺的角色。它们在教学方法、目标、内容、效果及应用场景等多个方面存在显著的差异。

一、教学方法

（一）体验式教学

体验式教学往往被视为一种"学中做，做中学"的教育方法。它不单纯地传递知识，而是让学生参与到实际的活动中，让他们通过实践来感知、体验并学习知识。这种方法背后的哲学观点是，知识不仅是被动地吸收的，更是通过主动探索、体验获得的。

体验式教学的核心在于学生的主体性。这意味着学生不再是被动的信息接收者，而是积极的知识探索者。在这个过程中，学生会面临各种挑战、问题和困境，他们需要动脑筋、探索、尝试，从而真正理解和掌握知识。体验式教学注重的是学习过程，而不仅仅是结果。每个学生都有自己的学习速度、风格和路径，而教学方法充分尊重学生的个性，允许他们按照自己的方式学习。这样，学生不仅能够获得知识，还能够培养出解决问题、批判性思维、团队合作和自我管理等重要的能力。

（二）传统教学

传统教学往往被视为一种"填鸭式"或"喂食式"的教育方法。在这种方法下，教师是知识的主要来源，他们决定教学内容、方式和进度，而学生的主要任务是听课、记笔记并复习知识。

在传统教学中，知识往往被视为一种固定的、不变的事物，学生需要通过重复和模仿来掌握它。这种方法强调的是知识的传授和积累，而不是知识的创新和应用。因此，学生往往被动地接收信息，而没有机会对知识进行深入的思考和探讨。

传统教学往往忽视了学生的个体差异。由于教学内容和方式都是固定的，所以所有学生都必须按照相同的标准和速度进行学习，这很容易导致学生失去学习的兴趣和动力。当然传统教学也有其优点，例如，它可以确保学生掌握基础知识，为他们后续的学习打下坚实的基础。由于教学内容和方式都是经过精心设计的，所以学生可以在有限的时间内获得大量的知识。

二、教学目标与内容

（一）体验式教学

体验式教学的目标远超传统的知识传授范畴，深化为对学生全面素质的培养。在这种教学模式下，学生不仅要掌握相关的知识和技能，而且要在多种情境中运用这些知识和技能，从而真正实现知识与实践的结合。

培养学生的批判性思维是体验式教学的重要目标之一。学生拥有批判性思维后，就不仅仅单纯地接受知识，而是会对知识进行审查、分析和评价。在体验式教学中，学生被鼓励对所学内容进行深入探讨和批判，从而形成自己独立的见解和判断。这种思维方式有助于学生更加深入和全面地理解知识，同时培养了他们的独立思考和分析问题的能力。除了批判性思维，团队协作精神的培养也是体验式教学的核心目标之一。在现代社会中，团队合作成了解决复杂问题的关键。在体验式教学中，学生往往需要与他人合作完成各种任务和项目。这种合作体验不仅可以帮助学生建立起良好的人际关系，还可以培养他们的沟通、协调和组织能力。实际操作能力的提高是体验式教学的另一个重要目标。与传统的课堂教学不同，体验式教学强调学生的实践和操作。学生需要在真实或模拟的情境中应用所学的知识和技能解决实际的问题。这种实践体验不仅可以帮助学生巩固知识，还可以提高他们的实际操作能力，使他们更好地应对未来的工作和生活挑战。最后，创新能力的培养也是体验式教学追求的目标之一。在这种教学模式下，学生被鼓励对所学内容进行创新和拓展，从而形成自己独特的见解和观点。这种体验不仅可以帮助学生掌握前沿知识，还可以培养他们的创新思维和能力，为其未来的发展打下坚实的基础。

体验式教学的内容与传统教学有所区别，因为它更加强调与实际生活紧密结合。在设计教学内容时，教育者会深入考虑如何将知识理论与实际应用相结合，以确保学生能够在真实环境中运用所学的知识。

真实情境和问题是体验式教学内容的核心。教育者会选择那些与学生日常生活、社会环境和未来职业相关的情境和问题，使学生能够在学习过程中与现实世界产生深度的联系。例如，在商业课程中，学生可能需要分析真实的市场情况，制定营销策略，或者在模拟的环境中运行自己的企业。在体验式教学中，学习的过程和体验受到特别的重视。学生不仅需要掌握相关的理论知识，还需要参与各种实践活动，如模拟实验、项目设计和团队合作活动。这些活动使学生有机会应用所学的知识，同时为他们提供了一个探索、挑战和创新的平台。在这种学习环境中，学生可以通过实践和探索来深化对知识的理解，同时可以通过反思来认识自己的优点和不足。体验式教学还鼓励学生将所学的知识和技能应用到实际生活中。这种应用不仅体现在课堂上或模拟的环境中，还体现在真实的社会和职业环境中。例如，学生可以参与到社区服务项目中，解决真实的社会问题，或者与企业合作，完成真实的商业项目。这种实际应用不仅可以帮助学生巩固和拓展知识，还可以提高他们的实际操作能力和创新能力。

（二）传统教学

传统教学的目标是为学生提供结构化的学习环境，确保他们掌握与课程相关的基础知识和理论。此外，评估通常是基于学生对已学内容的回忆和再现，而不是他们的分析、批判或应用能力。这种教学方式虽然为确保学生掌握核心概念和基础知识提供了坚实的基础，但可能会限制学生创造性和批判性思维的发展。

传统教学内容的选择和组织，往往是基于一个既定的教学框架，而非当前社会的实际需求或技术进步。这种方法过于依赖教科书和教学大纲，很少考虑到学生的实际需求和兴趣。因此，尽管知识内容可能是系统的和完整的，但它可能与现实生活脱节，缺乏足够的实用性。此外，这种重视知识传授的方法也可能限制学生的创造性和主动性。由于过度强调记忆和重复，学生很少有机会对知识进行批判性思考或与现实生活中的问题相结合。这种单向的知识传输方式可能会让学生感到学习无趣或疲劳，从而影响他们的学习积极性和深度。

三、学习效果与评估

（一）体验式教学

在体验式教学中，学习不仅仅是知识的积累，更多的是技能、态度和价值观的培养。为了全面评估学生的学习效果，教育者需要采用多种评估方法。这些评估方法可以帮助教育者更深入地了解学生的学习进度，判断他们是否真正掌握了知识和技能，是否能够将所学应用到实际生活中。在体验式教学中，评估是一个持续的过程，而不是一个单一的事件。教育者需要定期对学生的学习效果进行评估，根据评估结果调整教学方法和内容，确保学生能够达到预期的学习目标。

（二）传统教学

在传统教学中，评估学生的学习效果主要依赖考试和做作业。这些评估方法相对单一，主要关注学生知识的掌握情况。通过考试和做作业，教育者可以了解学生对教学内容的理解程度，判断他们是否达到了预期的学习目标。当然，传统的评估方法也存在一定的局限性，它们往往忽视了学生的实际操作能力、团队合作能力和创新能力。这些能力在现代社会中越来越重要，但在传统教学中很难得到充分的培养和评估。

传统的评估方法也很难反映学生的学习过程。学习不仅仅是知识的积累，更多的是一个探索、发现和创造的过程。而传统的评估方法很难捕捉到这些细微的学习过程，导致学生的学习效果可能被低估或高估。

四、教学环境与资源

（一）体验式教学

体验式教学的核心是让学生通过实践和体验来学习知识和技能。因此，它需要丰富和多样化的教学资源。实验室、工作坊、外出实践活动等都是体验式教学中常用的教学资源。这些资源为学生提供了真实的学习环境，使他们能够将理论知识应用到实际中。在体验式教学中，教学环境往往更加开放和灵活。体验式教学环境更加注重学生的主体性和创新性。它鼓励学生自由探索，根据自己的兴趣和需求选择学习路径。这种开放和灵活的教学环境不仅有助于激发学生的学习兴趣和动机，还能够培养他们的自主学习和批判性思维能力。

当然，体验式教学也面临一定的挑战。由于它需要大量的教学资源，很多学校可能难以提供充足的支持。此外，开放和灵活的教学环境也要求教育者具有高水平的教学能力和管理能力，否则可能导致学习效果不佳。

（二）传统教学

传统教学的核心是教师传授知识和技能，学生通过听课、记笔记来学习。因此，它的教学环境和资源相对固定。教室、图书馆、实验室等都是传统教学中常用的教学资源。在传统教学中，教室是最主要的教学环境。教室通常按照固定的模式布置，教师在前，学生在后，形成一个相对封闭和有序的学习空间。这种教学环境有助于维持课堂纪律，确保教学活动的顺利进行。而图书馆为学生提供了大量的学习资料，帮助他们深入研究和探索。实验室则为学生提供了一个实践和验证理论知识的平台。此外，传统教学也存在一定的局限性。它的教学环境和资源往往受到时间和空间的限制，导致学生的活动范围和学习方式都受到限制。这可能导致学生的学习兴趣和动机降低，影响学习效果。

五、教育者的角色

（一）体验式教学

在体验式教学中，教育者的角色发生了显著的转变。他们不再是单纯的知识传授者，而是成为学生学习过程中的指导者和协助者。这种教学方式强调学生的主体性，鼓励学生通过实践和体验来探索知识，而教育者要提供必要的支持和资源，帮助学生克服学习中的困难。体验式教学要求教育者具有高度的敏感性和反应能力。他们需要密切关注学生的学习进展，帮助学生解决学习中的问题。此外，教育者还需要与学生建立深厚的信任关系，鼓励学生提出自己的观点，分享自己的体验。

这种教学方式也给教育者带来了更大的挑战。他们不仅需要掌握丰富的专业知识，还需要具备强烈的教育热情，以及与学生进行有效沟通的能力。只有这样，教育者才能真正地帮助学生实现自我价值，培养出能独立思考和有创新能力的人才。

（二）传统教学

在传统教学中，教育者主要扮演的是知识传授者的角色。他们决定教学内容和进度，掌握教学的主导权。学生往往需要根据教师的指导进行学习，成为知识的被动接受者。在这种教学方式中，教育者的角色往往更加稳定和明确。他们负责为学生提供系统的知识体系，帮助学生掌握基本的学习技能。教育者的权威性和专业性在这种教学方式中得到了充分的体现。

当然，传统教学也存在一定的局限性。由于它过于强调知识的传授，因而比较容易忽视学生的个性和兴趣。这可能导致学生的学习兴趣和动机降低，影响学习效果。此外，传统教学也很难培养学生的独立思考和创新能力，这与现代社会对人才的需求存在一定的矛盾。

第五节　体验式教学的优势

体验式教学作为一种以学生为中心、强调实践和体验的教学方法，近年来在教育领域受到了广泛关注。其优势如下：

一、有助于深化知识理解与应用

体验式教学作为一种独特的教学方法，强调将学生置于真实或模拟的情境中，从而为学生提供了与实际情境紧密结合的学习环境。这种教学方法的核心在于，它不仅注重对知识的传授，更注重对知识的应用和实践。当学生在这样的情境中学习时，他们不再是被动地接受知识，而是主动地参与到知识的创造和应用中。

当学生在真实或模拟的情境中学习时，他们往往需要将所学的理论知识与实际情境相结合，从而解决实际中的问题。这种结合使得学生在学习过程中能够更加深入地理解知识，因为他们不再是单纯地记忆知识，而是在实践中应用知识。这种应用性的学习方式，无疑为学生提供了一个更加深入和全面的学习体验。

体验式教学也促进了学生知识的应用。传统的讲授式教学往往重视知识的传授，但在实际应用中，学生可能会感到困惑和无助。而体验式教学通过模拟或真实的实践活动，使学生在学习过程中不断面对和解决实际问题，从而真正将知识应用到实践中。这种教学方法不仅帮助学生巩固了所学的知识，还培养了他们的实践能力和创新思维。体验式教学还为学生提供了一个探索和创新的平台。在真实或模拟的情境中，学生往往需要根据实际情况创造性地应用所学的知识，从而解决问题。这种创新性的学习方式，无疑为学生提供了一个锻炼自己创新思维的机会。与传统的讲授式教学相比，体验式教学更能够激发学生的创新潜能，使他们在学习过程中不断探索和创新。

二、有助于增强学习动机和提高参与度

（一）增强学习动机

体验式教学的核心在于其能够为学生提供真实或模拟的实践体验。当学生有机会亲身参与学习活动时，他们更容易理解和掌握复杂的概念和技能。这种亲身体验，特别是当学生看到自己的努力得到实际的回报时，无疑会增强其学习的动机。

例如，教师可以引导学生在模拟的商业活动中运用市场策略，如果运用的策略比较合理，可以让他们获得成就感。这种成就感是非常宝贵的，它可以激发学生的学习兴趣，使他们更加热衷于探索和学习。体验式教学还强调了学生的自主性和选择性。在这样的教学模式下，学生有机会选择他们感兴趣的课题，设计和实施自己的项目。这种自主性给了学生一个机会，让他们根据自己的兴趣和需求进行学习。当学生看到他们的选择和努力能够带来实际的成果时，他们的学习动机也会得到进一步的提高。

（二）提高参与度

体验式教学的另一个显著特点是其互动性和实践性。这种教学方法鼓励学生与他人合作、交流和互动，以完成各种实践任务。这种互动性为学生提供了充满挑战和乐趣的学习环境，从而提高了他们的学习参与度。

模拟法庭辩论是法学专业的一个常见的教学方法。在此过程中，学生需要扮演律师、法官或其他角色，他们需要深入研究案例、准备证据和论据，并在法庭上与对手进行辩论。这种互动性的教学方式不仅可以帮助学生深入理解法律知识，还可以培养他们的批判性思维、沟通和团队协作能力。体验式教学还为学生提供了一个自主学习和探索的平台。在这样的平台上，学生可以自由选择和设计他们的学习任务和活动。他们可以根据自己的兴趣和目标，选择合适的资源、工具和方法，进行深入的研究和探索。这种自主性的学习方式为学生提供了开放和多样化的学习环境，从而使他们更加积极地参与到学习中。

三、有助于培养综合能力与批判性思维

（一）培养综合能力

体验式教学的独特之处在于其强调实践和体验。这种教学方法致力于让学生从实际操作和实践中学习，而不仅仅是从书本或讲座中获取知识。这种深入实践的方式，对于培养学生的综合能力具有不可估量的作用。

在体验式教学中，学生被鼓励参与真实或模拟的实践活动。例如，商业专业的学生可能会参与模拟的商业项目，需要他们规划、运行和管理一个虚拟的公司。在这样的活动中，学生不仅需要运用他们的专业知识，还需要展现出他们的团队协作、沟通和决策能力。这种全方位的学习体验，有助于学生建立一套完整的技能体系，从而更好地应对未来的工作和生活挑战。体验式教学还为学生提供了一个广阔的学习领域，让他们有机会探索和体验不同的学科和领域。这种跨学科的教学方式，可以帮助学生建立起一个综合的知识体系，培养他们的跨学科思维和综合分析能力。例如，工程专业学生在参与一个建筑项目时，可能需要了解建筑设计、材料科学、经济学和环境科学等多个学科的知识。这种综合的学习体验，可以帮助学生形成宽广的知识视野，培养他们的综合思维和创新能力。

（二）批判性思维的培养

体验式教学除了强调实践和体验，还非常注重培养学生的批判性思维。这种思维方式要求学生不仅接受知识，还需要进行深入的分析、评价和判断，从而促进知识的深入理解和掌握。

在体验式教学过程中，学生往往会面临各种复杂和多变的情境。这就要求他们不仅运用所学的知识，还需要进行批判性的思考，以做出正

确的判断和决策。例如，法学专业学生在参与模拟法庭辩论时，需要对案件进行深入的分析，评价证据的可靠性，判断对方论点的合理性，从而做出有利于己方的辩护策略。这种深入的思考过程，对于培养学生的批判性思维和独立思考能力具有重要的作用。体验式教学还鼓励学生对所学的知识进行深入的探索和研究。其要求学生不仅掌握基础知识，还需要对其进行深入的分析和批判，从而促进知识的深入理解和创新。例如，相关科学专业学生在进行实验时，不仅要掌握实验的基本步骤和技巧，还需要对实验结果进行深入的分析和总结，从而得出科学的结论和推论。这种深入的学习体验，有助于培养学生的批判性思维和独立研究能力。

四、有助于培养情感智慧与深化价值观

（一）培养情感智慧

体验式教学的独特结构为学生提供了一系列的情感体验，这些体验可帮助学生认识和管理自己的情感。在实践活动中，学生可能会体验到从挫败到胜利、从困惑到理解的各种情感。这种情感的波动，使学生有机会学习如何应对和管理自己的情感，从而培养出更加健全和成熟的情感智慧。情感智慧是指一个人理解、使用、认识和管理情感的能力。在体验式教学过程中，学生不仅需要应对复杂的知识和技能挑战，还需要管理自己的情感和情绪。例如，当学生在团队项目中与队友产生冲突时，他们需要进行有效沟通和解决冲突，以维持团队的和谐。这种情境为学生提供了一个培养情感智慧的机会，使他们能够更好地应对未来的人际关系和工作挑战。

（二）深化价值观

体验式教学为学生提供了一个深化价值观的平台。在实践活动中，

学生往往会面临各种道德和伦理的挑战，这就要求他们进行深入的反思和判断，从而确定自己的价值观和信仰。例如，当学生在模拟的商业项目中需要决定是否采用某种可能损害环境的生产方法时，他们需要权衡经济效益和环境保护的价值，从而做出合理的决策。这一决策过程不仅考验学生的知识和技能，还考验他们的价值观和道德观念。价值观是指一个人对于什么是重要和有价值的看法和信仰。在体验式教学的过程中，学生有机会培养和深化自己的价值观。他们可以在实践活动中体验到各种价值观的冲突和矛盾，从而学会权衡和选择，形成自己的价值体系。这种价值观的深化，对于学生的个人发展和未来的社会生活都是非常重要的。

第四章 ◀

体验式教学在大学生心理
健康教育教学中应用的理论基础

第一节　复杂适应系统理论

一、复杂适应系统理论概述

复杂适应系统理论（complex adaptive system，CAS）是一种用于描述高度多样且不断自组织和演化的多元素系统的理论框架。这些系统存在于自然界、社会和科技领域，包括生态系统、经济体、人脑、社交网络、城市甚至是互联网。CAS 的主要特点包括多样性、适应性、自治性、非线性、网络结构以及涌现性、持续演化和不确定性。复杂适应系统理论的关键在于多样性、适应性、自治性、非线性、网络结构等方面。复杂适应系统理论提供了一种强有力的工具和视角，用于理解和应对人们生活中遇到的复杂、多变和高度互联的问题和现象。它挑战了传统的、线性的、简化的世界观，呼唤一种更为综合、动态和多层次的理解方式。

（一）多样性

CAS 由大量不同种类的元素组成，每个元素都有其自身的属性和行为规则。这种多样性使得系统具有高度的适应性和稳健性。

（二）适应性

系统内的元素能根据环境和内部状态进行自我调整和学习。适应性是 CAS 能够在不断变化的环境中生存和繁荣的关键。

（三）自治性

CAS 的元素具有一定程度的自治性，即它们基于自己的规则和目标进行决策，而不仅仅是外界影响的结果。

（四）非线性

系统内的互动常常是非线性的，即小的变化可能导致不成比例的大效应，或者多个小效应可能集合产生一个意想不到的结果。

（五）网络结构

元素之间通常以网络的形式相互连接，而这些连接本身也可能是动态和适应性的。网络结构让信息和资源能在系统内高效流动。

（六）涌现性

在 CAS 中，全局行为或模式往往是局部互动的"涌现"结果，而这些全局特性通常无法仅通过分析单一元素来预测或解释。

（七）持续演化和不确定性

由于 CAS 是开放的、非均衡的系统，它们是持续演化的，所以充满不确定性和偶然性。这也意味着虽然人们可以理解其行为和模式，但很难进行精确的预测。

二、复杂适应系统理论在大学生体验式心理健康教育中的应用

在大学生体验式心理健康教育中，CAS 可以提供非常有价值的洞见和工具。在一定程度上，CAS 提供了一种全面、多维和动态的方式来理解和改进大学生体验式心理健康教育。它强调了多样性、适应性和互联性，为设计更为有效和人性化的教育方案提供了理论支持。

（一）多样性与个体差异

CAS 强调系统中元素的多样性，因而适用于大学生心理健康教育中。教育方案应当考虑到文化背景、性别、年级和个人经历等多重因素，以便更精准地满足每个学生的需求。

（二）动态适应与个性化

CAS 中的适应性概念可应用于心理健康教育课程设计中，使之更为灵活和个性化。这可能包括使用人工智能和数据分析来跟踪学生的进展，从而调整教育方案，以更好地满足他们的需要。

（三）非线性影响

心理健康并不总是呈线性发展的，即小的积极变化可能会产生大的影响，或者多个因素共同作用，以产生非预期的结果。体验式心理健康教育应考虑到这种非线性特点，采用多元、跨学科的方法。

（四）网络与社群支持

CAS 强调元素间网络状的互动。在大学环境中，学生不仅与教师交流，还与同学、家人和其他社会支持系统进行互动。这些网络可以作为心理健康教育的一个重要组成部分，如建立支持小组或在线社群。

（五）涌现性与创新

体验式教育经常能带来意想不到的、从学生自发参与中"涌现"出来的结果。而这些不可预测的涌现性结果可能正是最有价值的教育成果。

（六）持续反馈与调整

复杂适应系统是不断演化的。同样，体验式心理健康教育也应该是一个持续反馈和调整的过程。教师和学生应该在这一过程中持续互动，以实现更好地适应和学习。

（七）预防与干预策略

由于 CAS 具有高度的不确定性，因而在预测具体事件（心理健康危机）时可能具有挑战性。然而，通过了解系统的整体动态和潜在的风险因素，可以设计更为有效的预防与干预策略。

第二节　情境学习理论

一、情境学习理论概述

情境学习理论（situated learning theory）是一个关于知识获取和应用的教育和心理学理论，其认为学习是一个社会和文化的活动，应在实际的、特定的情境中进行。该理论最初在 20 世纪后期提出，强调学习不仅仅是一种单一的、孤立的认知过程，而是与个体参与的社会和文化环境紧密相连。

在传统的学习理论中，学习通常被视为一种信息传递和内化的过程。这种观点往往强调教师或者教材对知识和技能的"传输"，然后由学生"接收"和"储存"。但情境学习理论否定了这种观点，认为学习是在与他人的互动和合作中发生的，它是一个复杂的、动态的过程。

在这个理论中有一个核心概念，那就是"合法的边缘参与"（legitimate peripheral participation，LPP）。这个概念用于描述新手通过参与社群活动，逐渐从边缘成员发展成为核心成员的过程。在这个过程中，新手会不断地观察、模仿、实践，并通过与更有经验的成员的互动，逐渐掌握该社群特有的知识、技能和文化。以医学教育为例，情境学习理论建议将医学院学生放入临床环境中，与真实的病人和医护人员互动。通过这种方式，医学院学生不仅能学习到书本上的医学知识，还能学习到如何与病人沟通、如何做决策、如何在承受压力的情况下工作等。这样的学习经验更容易让他们将理论知识应用到实际工作中。

情境学习理论同样适用于其他教育中，如商业、工程、艺术等教育中。在商业教育中，情境学习可能会涉及模拟经营游戏或真实的项目管理任务；在工程教育中，学生可能会被要求设计机械或电子系统；在艺术教育中，学生通过与更有经验的艺术家一起工作，逐渐掌握艺术创作的各种技巧和观念。

然而，情境学习理论也有其局限性。首先，由于情境学习强调特定的社会和文化环境，因此其可迁移性可能受到限制。换句话说，一个在某一特定情境下习得的知识或技能，不一定能直接应用到其他情境中。其次，情境学习通常需要利用很多的时间、资源和人力，这在一些环境中可能是不可行的。最后，情境学习可能会过分强调实践和操作，而忽视了理论和抽象思考的重要性。尽管有这些局限性但情境学习理论仍然为教育研究和实践提供了有力的工具和框架。它强调了社会互动和实际操作在学习过程中的重要性，提醒人们，要想真正理解和掌握一个知识或技能，单纯地"灌输"信息是不够的。相反，人们需要更多地关注学习环境的设计和组织，以及如何更有效地将学习融入实际的、具有意义的社会和文化活动中。

总体来说，情境学习理论提供了一种全面、动态和社会文化导向的学习观点，有助于人们更深刻地理解学习如何在复杂的现实世界中发生，并给教育者提供了一系列有用的策略和工具，以支持更有效、更具参与性的学习经验。

二、情境学习理论在大学生体验式心理健康教育中的应用

在大学生体验式心理健康教育中，情境学习理论可以发挥重要的作用，特别是在提升学生的心理素质、促进心理健康意识和技能应用方面。大学生面临诸多压力，如学术压力等，因此对心理健康教育有着特别的需求。

在心理健康教育中，要将学生直接置于与真实生活相关联的心理场景中。例如，通过角色扮演、情景模拟和小组讨论，学生可以模拟在真实生活中可能面对的心理压力和困扰，如考试压力、人际关系困扰、职业选择困扰等。在这些活动中，学生不仅有机会应用心理健康相关的理论和技巧，还能在与同学和教师的互动中，得到即时的反馈和指导。这些情境化的活动让学生能更好地体验和理解心理健康的复杂性，而不仅仅是把它看作一个理论或概念。情境学习理论强调社群和文化环境在学习过程中的重要性。在体验式心理健康教育中，这可能表现为强调社会支持网络的建立和维护。例如，通过团体活动，学生可以学习如何在面对心理压力时寻求支持。这种社会性的学习过程有助于形成更为健康和持久的心理应对机制。

更进一步，情境学习理论还能够支持跨学科的教育模式。心理健康不仅与心理学有关，也与社会学、医学、教育学等多个学科密切相关。因此，通过模拟不同情境和环境，如家庭、学校、工作场所等，大学生可以从多个角度和层面来理解和应对心理问题。此外，情境学习理论还鼓励学生反思和自主学习。在体验式心理健康教育中，学生被鼓励对自己的学习经验进行反思，识别成功和失败的因素，并调整自己的行为和态度。这种自主和反思的学习过程有助于学生建立持久和有适应性的心理健康机制。然而，将情境学习理论应用于大学生体验式心理健康教育也面临一些挑战。例如，与传统的课堂教学相比，体验式教育往往需要更多的资源和时间。从设计逼真的模拟情境到确保教师和学生能充分参

与，都可能需要额外的投入。情境学习强调的是在特定环境或社群中学习，这有时可能限制了知识和技能的普遍应用。情境学习通常侧重于实践和操作，而心理健康教育需要理论和抽象思考的支持，因此找到两者之间的平衡是一个需要解决的问题。

情境学习理论为大学生体验式心理健康教育提供了一种非常有效的教育框架。通过模拟真实生活中的各种心理场景和问题，强调社群和文化环境的重要性，以及促进反思和自主学习，有助于培养大学生在复杂和多变的现实生活中维护心理健康的能力和信心。它不仅能帮助学生更好地理解和应对心理问题，还能激发他们对心理健康的长期关注。

第三节　体验式学习理论

一、体验式学习理论概述

与体验式学习相关的理论有建构主义学习理论、从做中学理论。

（一）建构主义学习理论

建构主义源自关于儿童认知发展的理论，由于个体的认知发展与学习过程密切相关，因此利用建构主义可以比较好地说明人类学习过程的认知规律，即能较好地说明学习如何发生、意义如何建构、概念如何形成，以及理想的学习环境应包含哪些主要因素等。总之，在建构主义思想指导下可以形成一套新的比较有效的认知学习理论，在此基础上可以营造较理想的建构主义学习环境。建构主义学习理论的基本内容可从"学习的含义"（什么是学习）与"学习的方法"（如何进行学习）这两个方面进行说明。

1. 关于学习的含义

建构主义认为，知识不是通过教师传授得到，而是学习者在一定的情境即社会文化背景下，借助其他人（教师和学习伙伴）的帮助，利用必要的学习资料，通过意义建构的方式而获得。

2. 关于学习的方法

建构主义提倡在教师指导下、以学习者为中心的学习，也就是说，既强调学习者的认知主体作用，又不忽视教师的指导作用。教师是意义建构的帮助者、促进者，而不是知识的传授者与灌输者；学生是信息加工的主体，是意义的主动建构者，而不是外部刺激的被动接受者和被灌输的对象。

（二）从做中学理论

"从做中学"也就是"从活动中学""从经验中学"，它使得学生知识的获得与生活过程中的活动联系了起来。由于儿童能从那些真正有教育意义的活动中进行学习，因而有助于儿童的生长和发展。

二、体验式学习理论在大学生体验式心理健康教育中的应用

体验式学习理论在大学生体验式心理健康教育中有着广泛和深远的应用。心理健康教育在大学环境中日益受到重视，主要是因为大学生面临各种压力和挑战，如学术、社交、情感以及职业规划等方面的压力和挑战。

传统的心理健康教育往往侧重于理论讲解和知识灌输，但效果有限。而体验式学习理论提供了一种更为有效和全面的方法，强调实践、反思和应用，从而能更好地满足大学生多元化和个性化的需求。

在大学生体验式心理健康教育中，常见的应用方式包括角色扮演、

模拟实验、心理测试和自我反思等。这些方法都是以"从做中学"的原则为基础，注重激发学生的主动参与性和内在动机。例如，在探讨情绪管理的课程中，学生可以通过模拟情景剧来亲身体验情绪波动和冲突解决的过程。角色扮演和模拟实验不仅能让学生直观地了解情绪管理的重要性，还能让他们在实践中能够有效地控制和调整自己的情绪。而在职业规划和发展的课程中，体验式学习可以通过实习、项目合作、职业模拟等方式，使学生在实际操作中对自己的兴趣、能力和发展方向有更为深刻的认识。这样，他们在将来选择职业或进入工作环境时，将更加明确自己的目标和路径。

体验式心理健康教育还强调个体的反思和自我观察。通过写日记、进行小组讨论或使用多媒体工具（视频和博客）等，学生能够对自己的行为、想法和感受进行更为深入的反思和分析。这不仅有助于他们更好地理解和掌握心理健康方面的知识和技能，还能促进他们自我成长。体验式心理健康教育也有助于培养大学生的人际交往能力。通过团队合作和小组活动，学生可以在实践中更有效地与人沟通、解决冲突和建立稳健的人际关系。这样的技能不仅对他们在学校中的学习和生活有益，也将在他们日后进入社会和职场时产生积极的影响。体验式学习理论在大学生体验式心理健康教育中的应用，实质上是一种"全人教育"的体现。它不仅注重知识和技能的传授，更注重个体的全面发展，包括情感、社交、认知和行为等多个层面。这种教育方式能更好地满足大学生在快速变化和复杂多样的现代社会中的需求。

体验式学习理论在大学生体验式心理健康教育中的应用，不仅有助于提高教育的质量和效果，还能提高大学生的社会适应能力。它提供了一种更为灵活、全面和深入的教育方法，有助于培养具有创新精神、批判思维的现代人才。这无疑是对传统教育模式的有力补充，也是当前和未来教育改革和发展的重要方向。

第四节 "儿童中心"理论

一、"儿童中心"理论概述

"儿童中心"理论将儿童的需要、意愿和福祉放在各种决策和实践的中心。这种理论在教育、医疗、社会福利以及法律系统中都有广泛应用。相对于成年人或社会整体需求优先的观点，"儿童中心"理论强调从儿童的角度出发，充分考虑他们的发展需求和感受。

从历史角度看，"儿童中心"理论是 20 世纪人权思想和社会福利理念发展的结果。在以前的社会体制和文化观念中，儿童通常被视为家庭的一部分，缺乏独立的权利和地位。然而，随着社会科学和心理学的发展，人们越来越认识到儿童是独立的个体，并且其身心发展有特定的需求。

在教育领域，"儿童中心"的教学方法比传统的教师主导模式更加强调学生参与。这种方法鼓励孩子们通过探索和实践来学习，而不仅仅是通过记忆和模仿。教师不再是知识的单一传递者，而是成为引导者和协助者，他们尊重每个孩子的个性，同时关心他们的社交、情感和道德发展。

在医疗方面，"儿童中心"强调与孩子和家庭密切合作，制定个性化的治疗方案。在治疗方案中，不仅要有疾病治疗方式，还要有孩子在家庭、学校和社会环境中的综合状况。

在法律系统中，"儿童中心"理论则体现在更加重视儿童的权利和福祉。例如，在儿童保护和家庭法律案件中，法官和律师都会尽量确保孩子的利益得到最大限度的保障。这通常涉及听取儿童的意见，以及在可能的情况下，让他们参与决策过程。

此外，"儿童中心"理论也已渗透到城市规划和公共政策中，如在设计公园、图书馆或交通系统时，也会考虑到儿童的使用需求和安全因素。

总体而言，"儿童中心"是一种多维度、跨领域的方法，旨在通过系统性地关注儿童的各个方面（身体、心理和情感需求）来促进其全面和谐的发展。这一理论反映了现代社会的人权观念和福祉目标，也符合广泛接受的可持续发展目标中的"不让任何一个人掉队"的精神。

二、"儿童中心"理论在大学生体验式心理健康教育中的应用

"儿童中心"理论虽然最初主要针对儿童和青少年，但其核心思想——个体需求和福祉应该处于决策和实践的中心逐渐应用于大学生体验式心理健康教育中。

大学阶段是个体身心发展和认知成熟的关键期，因此，在心理健康教育中融入"儿童中心"理论具有多重意义。大学生处于一个特殊的转型期，他们面临着从依赖到独立，从学校教育到职业生涯，以及从家庭社会到更广泛社会网络的多重转变。在这个过程中，强调个体需求和福祉的"儿童中心"理论可以帮助教育者更全面地了解大学生的心理需求，从而提供更个性化、更有效的教育和支持。体验式心理健康教育方法与"儿童中心"理论高度契合。体验式教育注重通过实际操作和参与来提高学习效果，强调学生在教育过程中的主体性。例如，通过角色扮演、小组讨论、情景模拟等方式，大学生可以更深刻地了解和体验到心理健康的重要性，以及找到应对压力、焦虑、人际关系等的方法。这样的教育模式不仅有助于提高学生对心理健康知识和技能的掌握程度，还有助于培养他们的自主性和责任感。在体验式心理健康教育中，大学生不再是被动地接受知识和指导，而是成为积极参与和实践的主体。他们有更多的机会参与决策，表达自己的意见和感受，这样不仅可以增强他们的心理素质，更体现了"儿童中心"理论中对个体价值和需求的尊

重。应用"儿童中心"理论的体验式心理健康教育还能更好地与大学生的具体生活情境相结合。大学生通常面临学业、职业规划、人际关系等多方面的挑战，这些问题都需要综合性的解决方案。体验式心理健康教育不仅可以针对这些问题提供具体和实用的指导，还可以通过让学生参与到实际问题解决的过程中，增强他们的自信和应对能力。同时，这种教育模式也有利于构建更加开放和包容的校园文化。当学生觉得他们的需求和感受得到了充分的重视和尊重，他们更可能对自己和他人的心理问题持开放态度，也更愿意寻求和提供帮助。这样不仅可以减少心理问题的发生，还有助于建立更加健康和谐的社群关系。

不过，需要注意的是，"儿童中心"理论在大学生体验式心理健康教育中的应用也存在一些问题，如资源分配不均、教育质量不佳以及不能平衡个体和集体的需求等。但总体来说，通过整合"儿童中心"理论，大学生体验式心理健康教育有可能成为一种更加人性化、有效和可持续的教育模式。将"儿童中心"理论应用于大学生体验式心理健康教育，不仅有助于提高教育的针对性和有效性，还能培养学生的自主性和责任感，以及形成更加健康和谐的校园文化。因此，其具有广阔的应用前景和社会价值。

第五节　建构主义理论

一、建构主义理论概述

建构主义是一种关于知识和学习的理论，强调学习者的主动性，认为学习是学习者基于原有的知识经验生成意义、建构理解的过程，而这一过程常常是在社会文化互动中完成的。这一理论首先在哲学、心理学、社会学、人类学和政治学中获得重视，后来被应用于艺术、教育、科学研究等多个领域。建构主义的核心观点是，人们的知觉、认知、解释并不是对"事实"或"现实"的直接反映，而是一个社会和心理的构建过程。简而言之，现实不是绝对或固定的，而是被人们在特定的文化和社会背景中解释和构建出来的。

建构主义反对基础主义和绝对主义的观点，即认为存在某种固定、客观、独立于人类认知之外的"现实"。它主张，人们认识世界的方式是通过社会交往、文化传承、语言交流等手段不断地被构建和重构的。这一观点对于传统的科学方法提出了挑战，因为它强调了观察者角色的主观性，以及社会和文化因素在知识构建过程中的作用。

在社会科学领域，建构主义被用来分析社会现象，如种族、性别、国家主义、文化认同等是如何被社会共同构建的。这些研究通常强调话语、权力结构、文化符号等因素在社会构建中的作用。例如，文化研究、性别研究、后殖民理论等多个子领域都会受到建构主义的影响。政治学中的建构主义则专注于政治现象是如何被语言、符号、传媒等构建的，也就是说，政治现象不仅仅是客观存在的事实，而是在特定的社会和文化条件下构建出来的。这种观点对于理解国际关系、权力分配、政治动员等有着重要的意义。教育领域也广泛地应用建构主义理论，主张教育不仅仅是知识的传递，更重要的是帮助学生构建他们自己的知识体系。这通常需要互动和以学生为中心的教学方法。

建构主义不仅仅是一种理论框架，它也提供了一种批判性的思考方式，挑战了传统观点和既定"常识"。然而，它也受到一些批评，批评者认为建构主义忽视了物质世界的客观性和普遍性，过于强调语言和社会构建的作用。不过建构主义仍然是一种极具影响力的跨学科理论和方法论，它重新定义了"现实""知识""真理"，强调了社会、文化和心理因素在这些领域中的作用。它不仅改变了多个学科的研究范式，还给人们带来深刻的启示。

二、建构主义理论在大学生体验式心理健康教育中的应用

在大学生体验式心理健康教育中，建构主义理论的应用具有深刻的意义和实用价值。

体验式心理健康教育强调学生通过实际的参与和体验，而非单纯的理论教授，来获得自我认知、人际关系、情绪管理等方面的深入理解。建构主义的核心观点"知识和现实是通过个体与环境的互动来构建的"与这种教育模式有着天然的契合性。

建构主义注重个体的主体性和社会文化环境的影响。在体验式心理健康教育中，这意味着教育内容和方法应当根据学生的个人经验和文化背景来设计。例如，通过角色扮演、小组讨论、案例分析等活动，学生可以在与他人的互动中，不仅吸收知识，而且体验到各种心理现象。这种体验让学生有机会在"实践"中构建和重构自己的心理模型，更加直观地理解心理健康的各个方面。

建构主义强调语言和社会交往在知识构建中的作用。在体验式心理健康教育中，这通常表现为鼓励学生开展深度的反思和讨论。例如，经过一轮模拟游戏或实验，学生可能会被引导去思考自己在活动中的表现，以及这些表现是否与他们原有的心理模式有关。教师可以通过提问、引导、解释等方式，帮助学生将这些体验与心理理论和原则相连接，进而建构出更为全面和复杂的心理知识体系。

建构主义也为教育者提供了有用的指导原则。传统的心理健康教育往往以专家为中心，强调对学生进行"教导"和"引导"。而在建构主义的视角下，教育者更像是一名"引导者"或"协作者"，他们的任务不仅是传授知识，还有激发学生的主动性，引导他们通过个人和社会的互动来自我构建知识。这种教育方式更有利于培养学生的批判性思考能力和自主学习能力，也更符合心理健康教育的终极目标——帮助学生建立健康的心理机制，以应对生活中的各种挑战。

建构主义还强调了个体差异和多元性，这一点在处理大学生群体的心理问题时尤为重要。每个学生都有自己独特的生活经验、文化背景和心理需求，这些因素都会影响他们对心理健康教育内容的接受和理解。因此，体验式心理健康教育应当尽量提供多样化和个性化的教学活动，以适应不同学生的需求。这也符合建构主义理论中对于"情境性"和"语境性"的强调，即教育应当是一种根植于具体情境和语境的活动。

建构主义理论为大学生体验式心理健康教育提供了丰富的理论支持和实践指导。通过强调个体与环境的互动、语言和社会交往的重要性，以及教育的情境性和多元性，不仅能够增强教育的有效性和针对性，还能帮助学生建立更为健康和全面的心理机制，以应对未来生活和工作中的各种挑战。

第六节　人本主义学习理论

一、人本主义学习理论概述

人本主义学习理论源于 20 世纪的人本主义心理学运动，强调个体的自由意志、自我实现和人的主观经验。与行为主义和认知主义等其他学习理论相比，人本主义学习理论更注重学习者本身，尤其是其情感和自我观念方面。该理论的核心观点是，人们都有一种内在的、自我驱动的愿望要去实现。教育不仅仅是知识和技能的传输，更是一个促进个体全面成长的过程。在这一框架下，学习不是被动的信息接收过程，而是一个主动建构的过程。学习者不是空白的画布，等待教师在上面涂抹，而是具有内在动力和目标的个体。在人本主义学习理论下，教师的角色也发生了转变。他们不再是知识的传播者，而是作为引导者和助手，帮助学习者发掘自己的潜能。教师应当尊重学生的个性和自主性，提供具有支持性和无威胁性的学习环境，以促进他们的自我发现和自我实现。

人本主义学习理论也与多元智能、情感智商和社会情感学习等概念有密切联系。这些概念都强调了个体差异、自我观念和人际交往能力在学习过程中的重要性。此外，该理论还强调了自我评价和内在动机的作用，认为这些因素比外在奖励和惩罚更能有效地促进学习和发展。

人本主义学习理论为教育实践提供了有用的洞见和指导原则。它鼓励人们重新审视教育的真正目的，不仅仅是为了培养学生的技能和知识，而是为了让他们作为一个完整、多维和自主的人来成长和发展。这一理论在多种教育环境和背景下都有其应用价值，包括但不限于传统的学校教育、职业培训等方面。

总体而言，人本主义学习理论提供了一个以学习者为中心的教育视角，强调个体的主观经验、内在动机和自我实现，旨在促进全人教育发展和个体持续成长。尽管存在一些问题，但它仍然为教育者和学习者提供了一个有价值的框架，用以理解和解释学习的复杂性，并为教育实践提供了富有启发性的指导。

二、人本主义学习理论在大学生体验式心理健康教育中的应用

人本主义学习理论在大学生体验式心理健康教育中有着不可忽视的作用和应用价值。在高等教育环境中，学生面临着多重压力，包括学业、人际关系、未来职业规划等压力。这些压力可能导致一系列心理问题，如焦虑、抑郁和自卑等。体验式心理健康教育作为一种以学生为中心、强调主动参与和实践的教育形式，与人本主义学习理论有着密切的联系。

人本主义学习理论强调个体的自主性和自我实现。在体验式心理健康教育中，教育者不仅要传授有关心理健康的知识，还要鼓励学生主动参与讨论、模拟活动。这些活动通常设计得非常接近学生的日常生活，使学生能够在安全、无威胁的环境中探索自我、认识自我，从而更好地应对生活中的心理挑战。

体验式心理健康教育强调全人发展，而这也是人本主义学习理论的一个核心概念。通过各种互动和实践活动，学生不仅能够获取心理健康方面的知识，还能提高自我认知、自我调节和人际交往等多方面的能力。这样有助于他们在未来更好地面对职场、家庭和社会等多重挑战。

人本主义学习理论强调教育者的角色转变，从传统的"教师中心"到"学生中心"。在体验式心理健康教育中，教育者更像是引导者或者教练，而不再是单一的知识传播者。他们需要深入了解每一个学生的个性和需求，以提供个性化的教育体验。这种引导式的教学方法有助于学生在心理健康方面获得更深刻的认识。

可以说，人本主义学习理论为大学生体验式心理健康教育提供了有力的理论支持和实践指导。通过强调学生的主动参与、全人发展和教育者的引导角色，不仅有助于提高学生的心理健康水平，还能促进他们在个人和职业生涯中的全面发展。尽管存在一定的问题，但其核心观点和教育方法仍然具有极高的应用价值，对于推动高等教育，特别是心理健康教育的改革和发展具有重要意义。

第七节　积极心理学理论

一、积极心理学理论概述

（一）幸福感理论

幸福感理论是积极心理学的核心理论之一。它认为幸福感是对生活的满意程度和情感的感受。幸福感与个人的生活满意度、社交关系、个人成就和个性特质等有关。幸福感理论的提出，为人们的幸福指明了方向。

（二）流理论

流理论是另一个重要的积极心理学理论。流理论认为，当人们在某项活动中投入全部注意力，心流状态就会出现。心流状态是指人们在高度专注于某项活动时所体验到的一种心理状态，这种状态会带来愉悦感和满足感，同时会增强个人的自我价值感和自信心。

（三）个体力量理论

个体力量理论认为，个体力量是指个人对自己行为的控制感。当个人感觉到自己有能力掌控自己的行为时，他们就会感到更有自信心。而当个人感到自己无法掌控自己的行为时，他们就会感到无助。个体力量理论的提出，有助于人们更好地理解自我控制和自我调节的重要性。

（四）关怀理论

关怀理论是积极心理学中的重要理论之一。它认为关怀是个人生活中不可或缺的因素，它有助于人们建立起健康的社交关系，并提高个人的幸福感。关怀理论的提出，为人们提供了建立良好社交关系的指导。

二、积极心理学理论在大学生体验式心理健康教育中的应用

积极心理学理论在大学生体验式心理健康教育中具有重要的应用价值。大学生正处于人生的关键阶段，面临着各种压力和挑战，如学业、人际关系、职业规划等压力和挑战，而应用积极心理学的观念和工具能够有效地促进他们的心理健康和个人发展。

体验式心理健康教育强调"学中做、做中学"的实践性和参与性。这种教育模式为学生提供了安全的互动环境，让他们能够通过实际操作和参与来体验和学习心理健康方面的知识和技能。这与积极心理学强调的"从经验中学习、从实践中提升"的理念高度一致。

在教育中，教师可以通过引导学生进行自我认知的活动，让他们更好地了解自己的优点和潜能。例如，教师可以运用积极心理学中的"优点寻找"和"自我反思"等方法，引导学生识别和挖掘自己的积极特质，如乐观、坚韧、有同理心等，从而增强他们的自信和自尊。

在团队协作方面，积极心理学也提供了丰富的工具和方法。例如，通过开展角色扮演、团队合作等活动，学生不仅可以提升自己的沟通和协作能力，还可以在实际操作中体验到积极心理学中强调的"正向反馈"和"共同目标"的重要性。

在应对压力和解决问题方面，积极心理学的应用同样有效。例如，通过正念冥想、自我激励和目标设定等活动，学生可以更好地管理自己的情绪，更加冷静和有效地应对学业和生活中的各种挑战。

另外，在培养学生的生活技能和未来规划方面，积极心理学也能起到积极的促进作用。通过各种工作坊和讲座，学生可以学习到如何制定和实现目标，如何调整态度和行为来提升生活质量，以及如何运用积极心理学的观念来应对未来的不确定性和变化。

总体而言，积极心理学理论不仅提供了一个全面、科学的框架，用于促进大学生的心理健康，还提供了一系列实用、具体的工具和方法，用于实施体验式心理健康教育。通过这种教育模式，学生不仅能够提升自己的心理素质和生活技能，还能在实际操作和体验中深刻了解和应用积极心理学的核心观念和方法。这不仅能够促进他们在大学阶段的个人成长和心理健康，还能为他们未来的职业发展提供坚实的心理基础。

第五章 ◀

体验式教学在大学生
心理健康教育中的应用策略

第一节　角色扮演

一、角色扮演准备阶段

在体验式心理健康教育中，角色扮演是一种具有高度参与性和生动性的教学策略，特别适用于大学生这一群体。在准备阶段，教育者需要精心设计和规划活动，以取得良好的教育效果。教育者也应该考虑到如何引导和激励学生在活动中积极参与。这可能需要通过预先的培训和指导，或是在活动过程中给予即时的反馈和鼓励。

准备阶段是确保角色扮演在大学生体验式心理健康教育中成功应用的基础。通过明确的目标设定、精心的场景和角色设计，以及全面的材料准备，不仅可以提高教学的有效性和针对性，也能更好地满足学生的个性化和多元化需求。这样的细致准备，无疑将为学生在心理健康方面的发展打下坚实的基础。

（一）目标设定

在教育中，明确教学目标是非常关键的。这不仅包括培养学生的基础心理健康知识，也涉及提高他们在实际应用中的自信和技巧。例如，如果教学目标是提高学生的压力管理能力，那么角色扮演活动应设计为模拟高压情境，如期末考试、工作面试或团队合作等。目标设定还需要考虑到学生的年龄、文化背景和已有的心理健康水平，以确保活动的实用性和针对性。

（二）场景和角色设计

场景和角色设计是让学生能够全身心投入角色扮演活动的关键。设计的场景和角色应具有代表性和挑战性，以刺激学生的思维和感受。例如，如果目标是提升学生的人际沟通能力，那么可以设计一个需要高度社交互动的场景，如商务会议或家庭聚会。角色可以设置为经理、客户、家庭成员等，以涵盖各种可能的社交动态。通过这样的设计，学生可以更全面地体验和练习心理健康方面的多种技能。

（三）材料准备

良好的准备是成功的一半。除了设计适当的场景和角色，教育者还需要准备一系列教学材料来支持活动的实施。这可能包括情境描述、角色卡、对话脚本，甚至是预设的冲突和解决方案等。这些材料不仅为学生提供了一个明确和可操作的参考框架，也使教育者能更容易地监控和评估活动的进度和效果。例如，如果活动是关于教学压力管理的，那么教学材料可以包括一个压力触发因素列表、几种常用的压力应对策略，以及一系列可能的场景发展和选择。这样，学生不仅可以了解压力管理的基本概念和方法，还可以在模拟活动中具体练习和应用。

二、角色扮演实施阶段

实施阶段是让学生将准备阶段的学习付诸实践、进行有效体验的关键阶段。这一阶段通常包括活动介绍与分组、模拟与演练、互动与反馈，以及问题解决与决策等几个主要环节。总体来说，实施阶段是体验式心理健康教育中非常重要的一环。通过精心设计和高效执行，这一阶段不仅能够检验和巩固学生在准备阶段的学习成果，也能提供更多的实践机会和体验空间，从而更好地促进他们在心理健康方面的全面发展和长期成长。

（一）活动介绍与分组

活动的成功很大程度上依赖于学生对活动的初步认识和参与意愿。因此，在活动开始之前，导师应向学生清晰地介绍活动的背景、目标和规则。这不仅能够激发学生的兴趣，也能为他们在接下来的活动中提供方向和参考。在确保所有学生都明确活动目的和流程后，导师可以根据活动需要，将全班学生分为若干小组。小组和角色的分配需要考虑到学生的个性、能力和偏好，以便每个人都能在活动中找到自己的定位。

（二）模拟与演练

一旦小组和角色分配完成，模拟与演练环节便正式开始。在这一环节中，导师的角色是引导和监控者，要确保活动在积极和有序的氛围中进行。学生则需要根据自己的角色和情境，进行模拟交流或决策。这是一个极富挑战和创造性的过程，因为学生不仅要运用自己已有的心理健康知识和技巧，还要在实际操作中不断地调整和优化。例如，在一个关于压力管理的角色扮演活动中，扮演经理的学生可能需要在多个紧急任务之间做出权衡，而扮演员工的学生需要在高压情境下保持冷静和高效。

（三）互动与反馈

与传统的教学方式相比，角色扮演更强调实时互动与反馈。导师和学生都应在活动过程中给予即时的、具体的反馈和建议。这种反馈机制不仅能及时纠正学生的错误和不足，还能提供更多的观点和解决方案，以帮助他们更好地理解和扮演各自的角色。

（四）问题解决与决策

问题解决与决策是角色扮演活动的高潮和终点。在模拟的情境中，学生需要运用他们所学的心理健康知识和技巧，来解决具体的问题或做出决策。这一环节的成功与否，直接决定了学生是否真正掌握了心理健康的基础概念和应用技巧。因此，导师应在这一环节给予高度的关注和支持，确保每个学生都能在问题解决与决策的过程中得到有效的学习和提升。

三、角色扮演反思与评估阶段

反思与评估阶段是角色扮演在大学生体验式心理健康教育中的重要内容。通过全体讨论与分享、自我反思，以及导师的评估与反馈，不仅有助于巩固和扩展学生在活动中的学习成果，还能提供一定的启示，以支持他们在心理健康方面的持续成长和发展。这种综合性和多维度的反思与评估机制，确保了角色扮演活动不仅是一次生动和有趣的体验，更是一次富有深度和价值的学习过程。

（一）全体讨论与分享

活动的结束并不意味着学习的结束。全体讨论与分享环节是角色扮演活动的一个重要组成部分。它提供了一个平台，让学生可以公开地讨论和分享他们在活动中的感受和收获。这一环节有助于固化学习成果，并可能触发更深层次的认识和理解。例如，在一个关于压力管理的角色扮演活动结束后，学生可以分享他们是如何在模拟的高压情境下做出决策的，以及这些决策产生了什么样的结果。通过听取同学们的经验和看法，学生不仅可以从中获得不同的解决问题的策略，还可能意识到自己原先忽视或误解的某个方面。全体讨论与分享也有助于建立开放、包容和互助的学习氛围。当学生看到其他人也有类似的困惑或者也会面对如此挑战时，他们通常会感到更加自信和安心。此外，这也是一个很好的机会，让学生学习如何有效地进行团队沟通和合作。

（二）自我反思

自我反思是个人成长和发展中不可或缺的环节。在角色扮演活动结束后，导师应鼓励学生花时间进行自我反思，思考自己如何将在活动中学到的心理健康知识和技巧应用到实际生活中。例如，一个在活动中扮演经理角色的学生可能会反思，他在真实世界中是否也能像在模拟情境中那样有效地管理压力和人际关系；一个在活动中感到特别紧张或不适的学生可能会思考，这些感受是如何产生的，以及如何来改善这种状况。

（三）导师评估与反馈

导师评估与反馈是反思与评估阶段的另一个关键元素。导师不仅应对学生在活动中的表现进行综合性的评估，还应根据每个学生的具体情况和需求，提供个性化的反馈和建议。这些反馈可以涵盖多个方面，包括学生在活动中应用的心理健康知识和技巧、参与度、团队合作能力，以及解决问题和做出决策的效率和有效性。导师也可以通过这一环节，进一步了解学生的学习需求和兴趣，以便在未来的教学活动中做出相应的调整和优化。

第二节　情景模拟

一、情景模拟规划阶段

在规划大学生体验式心理健康教育的情景模拟时，每个步骤都至关重要。

（一）需求分析

需求分析是课堂教学的基础，它决定了课程内容的方向和重点。与学生、教师和其他相关者一对一或集体进行讨论，以确保具体需要解决哪些问题，如压力管理、人际关系、自尊问题等。使用在线或纸质问卷收集数据也是一个好方法，其中可以包含心理健康现状、需要应对的挑战等方面的问题。需求分析还应涵盖对现有心理健康资源和服务的评估，以避免与已有资源重复。

（二）课程设计

根据需求分析，设计课程大纲和各种活动。课程设计需要考虑多种教学方式，包括角色扮演、小组讨论等，以确保信息传达的有效性。此外，还需要考虑课程的持续时间、频率和形式。

（三）资源准备

在确定了课程的内容和形式后，接下来是资源准备阶段。设备资源如讲义、活动道具、音视频设备等。场地资源如教室、多功能厅或户外场地。人力资源如教师、心理咨询师或其他专家，以及志愿者或学生助手。

（四）预测试

预测试是将整个课程或其部分内容在小群体中进行试点，以检测方案的有效性和可行性。这不仅可以测试课程内容是否合理，还可以检测资源和组织方面是否有不足或需要优化的地方。通过预测试，教育者和组织者可以收集参与者的反馈，进一步调整课程设计、活动流程或资源配置。预测试也是一个很好的机会，让教育者和组织者在正式推广之前对自己的计划进行"演练"。

二、情景模拟实施阶段

实施阶段需要紧密结合规划阶段的成果，并以灵活、综合和互动的方式来进行。这样不仅能够确保课程内容的丰富性和实用性，还能够提高学生的参与度和学习效果，从而更有效地促进他们的心理健康。

（一）开场活动

开展开场活动的目的是吸引学生的注意力并设置课程的基调。例如，通过一个短暂但引人入胜的角色扮演活动，可以立即让学生进入角色，体验在面对心理问题时可能遇到的困境。这种活动有效地激发了学生对即将进行的活动和讲座的兴趣。如果选择用故事讲述或影片播放作为开场，应确保它们与课程主题直接相关，以此来创设后续讨论和活动的情境。

（二）互动讲座

讲座通常被认为是单向的信息传递过程，但在体验式心理健康教育中，互动性是关键。通过设计问答、讨论以及案例分享环节，教师或专家可以引导学生更深入地了解心理健康的多个方面。这些环节也可以为学生提供一个交流的平台，让他们可以分享自己的经验或观点。这样不仅能增加学生的参与度，还有助于消除心理健康方面的社会和文化偏见。

（三）小组讨论和反思

在角色扮演或其他体验式活动结束后，小组讨论和反思环节是不可或缺的。在此环节中，学生有机会分享他们的感受和经验。通过小组讨论，学生可以从同学那里获得新的观点和策略。

（四）创建模拟环境

通过先进的技术，如虚拟现实（VR），可以创建更真实和沉浸式的模拟环境。这对于模拟那些在现实生活中难以复制的压力或焦虑情境特别有用。在模拟环境中，学生可以无风险地尝试不同的应对策略，并在之后得到专业的反馈和指导。

（五）心理工具与技巧训练

除了以上活动外，心理工具与技巧训练也是课程的重要组成部分。例如，学生可以通过冥想和正念练习来减缓压力。时间管理和目标设定等生活技能也可以纳入课程，以帮助学生更有效地处理压力和应对挑战。

三、情景模拟评估与反馈阶段

在评估与反馈阶段，分析和讨论是不可或缺的。只有通过不断评估与反馈，才能真正了解课程的优点和不足，从而使其更加完善。综合考虑学生的需求和反馈，以及教育者和其他专家的专业意见，有助于课程不断地自我更新和优化，从而更有效地达到预定的教育目标。

（一）问卷调查

结束情景模拟和其他体验式活动后，可以进行问卷调查，这是评估课程有效性的第一步。这些匿名问卷应涵盖课程内容、教学方法、学生参与度和感受等多个方面，以便全面了解学生对课程的看法和反馈。由于问卷是匿名的，所以学生更愿意诚实地表达自己的感受，这为后续改进提供了宝贵的信息。

（二）反馈会议

问卷调查的结果应与教师、心理咨询师和其他涉及课程设计和实施的人员共享，并在反馈会议上进行讨论。这是一个绝佳的评估机会，可以明确哪些方面是成功的，哪些方面需要改进。例如，如果学生普遍觉得角色扮演活动有助于他们更好地理解心理问题，那么这一活动在未来的课程中就应该得到强化。如果某个环节得到的评价不高，教师就需要重新考虑其在课程中的位置和重要性。

（三）追踪调查

在课程结束后的一段时间（三个月或半年），通过再次发放问卷或进行面对面的访谈，了解学生是否将课程中学到的知识和技能应用到日常生活中。更进一步了解这是否对他们的心理健康产生了积极的影响。这样的长期评估不仅可以衡量课程的持久效应，还可以为未来的课程提供改进的方向。

第三节　小组合作

一、课程设计与准备

在利用小组合作方式进行大学生体验式心理健康教育时，课程设计与准备是至关重要的第一步。这一阶段的主要目标是为接下来的教学活动奠定扎实的基础，包括明确教学目标、主题，以及进行必要的物资准备。

（一）确定目标与主题

在小组合作模式的体验式教学中，确定教学目标是非常关键的。这些目标可以涵盖多个维度，如认知、情感和行为方面。例如，如果课程的主要目标是缓解学生的焦虑情绪，那么具体的教学目标可能包括理解焦虑的生理和心理机制，掌握缓解焦虑的各种方法和技巧，以及在模拟或真实环境中应用这些方法。选择一个与目标紧密相关的主题也是这一阶段的关键任务。主题通常会更具体，更侧重于某一个方面。例如，如果教学目标是提高人际交往能力，那么主题可以是"有效沟通"或"建立健康的人际关系"。

（二）教具准备

在确定了教学目标和主题后，接下来就是教具准备。这通常包括为各种教学活动准备所需的材料和资源。例如，如果课程中包含角色扮演活动，那么可能需要准备相应的服装和道具；如果课程计划中有心理测试或调查，就需要事先设计或选择合适的问卷。教具准备也包括为各种可能情况做好应急准备。这可以是一份详尽的教学计划，也可以是备用的教学材料，以应对突发情况或学生反应不及时的情况。

（三）课程规划

准备工作完成后，教师还需要对整个课程进行全面的规划，包括各个活动的先后顺序、所需时间，以及在哪个环节与学生进行有效的互动和反馈。这通常会体现在一份详尽的教学大纲或课程计划中。

（四）与其他教学方法整合

课程设计与准备阶段还应考虑如何将体验式教学与其他教学方法（讲座、多媒体教学等）有效整合。例如，教师可能会在角色扮演活动开始之前用讲座的形式介绍相关的心理理论，或者在小组讨论活动结束后用多媒体材料来进一步解释和巩固学生所学到的知识和技能。通过仔细、全面的课程设计与准备，教师不仅可以确保体验式教学活动能够顺利进行，还可以最大限度地提高教学效果，使学生在认知、情感和行为等多个方面获得发展。这对于大学生的心理健康教育具有非常重要的意义。

二、分组与角色分配

分组与角色分配阶段旨在创造多元化、互补和高效的学习环境，从而满足不同学生的学习需求和优化整个教学过程。

（一）均衡分组

均衡分组意味着每个小组应包含具有不同能力和特点的成员。这种多样性不仅可以激发学生的主动参与性，还能促进团队合作和问题解决。例如，一个小组内可能有学习成绩优异的学生、有具有良好人际交往能力的学生，也可能有在某一方面有特殊才能的学生。均衡分组还有助于避免"自由搭便车"现象，即某些成员依赖其他成员完成所有工作。通过均衡分组，每个成员都会面临挑战和压力，但能在其他成员的支持下找到合适的解决方案。这样不仅有利于提高团队整体的表现，还能促进每个成员的成长和进步。更重要的是，均衡分组可以为各种心理健康主题提供一个多角度、多层次的讨论平台。例如，在探讨如何缓解焦虑或压力的过程中，拥有不同背景和经历的学生能带来不同的视角和方法。这样，每个成员不仅能学习到通用的心理健康知识和技巧，还能从其他成员那里获得更具针对性和实用性的建议和解决方案。

（二）角色分配

在小组内部分配不同的角色是另一个关键步骤。通常来说，一个高效的小组需要有组长、记录员、分析师等不同角色。组长通常是负责组织和协调小组活动的人，需要具备一定的组织能力和领导才能，能够有效地分配任务、解决冲突，并激励其他成员积极参与。这个角色非常关键，因为一个好的组长不仅能提高小组整体的效率和效果，还能在一定程度上影响每个成员的学习体验和心理状态。记录员负责详细记录小组活动的过程和结果，包括讨论的主要观点、提出的问题和解决方案，以及任何值得注意的反应和现象。这样不仅有助于小组在活动结束后进行反思和总结，还能为教师提供宝贵的教学反馈和数据。分析师则是负责深入研究和解释小组活动的人。他或她需要有较强的分析和理解能力，能够从多个角度和层次对活动进行解读和评价。这个角色特别重要，因为通过深入的分析和解释，小组成员不仅能更全面和深入地了解心理健康的复杂性和多样性，还能更准确和有效地应用所学知识和技能。

通过均衡分组和角色分配，教师不仅能创建更加活跃、更加生动的学习环境，还能更有效地实现各种教学目标。这对于大学生的心理健康教育来说具有重大的实用价值和长远意义。每个成员都能从中获得丰富多样的学习体验，而这种体验往往会深刻地影响他们的心理认知、情感态度和行为选择，从而在校园生活和未来职业发展中取得更高的成就。

三、实际操作与活动

实际操作与活动是体验式教学的核心阶段，这一阶段通过让学生参与到具体的教学活动中，将之前阶段确定的教学目标和主题转化为实际的学习成果。在这一阶段中，学生能够更深刻地理解心理健康方面的知识和理论，在真实或模拟的情境中培养和应用相关的技能。

（一）案例讨论

案例讨论是一种常用的教学手段，特别适用于心理健康教育。教师通常会提供一些具体的、生活化的心理健康案例，然后让学生在小组内进行讨论和解决。这些案例可能涉及不同类型和程度的心理问题，如轻度的焦虑或压力、人际关系冲突，或者更严重的心理障碍等。通过案例讨论，学生可以更直观和全面地理解心理健康的复杂性和多维性，也能更准确和具体地运用相关的理论和方法。此外，小组内的互动和讨论不仅能够激发学生的思维和创造力，还能提高他们的沟通和协作能力，这对于心理健康教育来说是非常重要的。案例讨论还可以作为一种有效的自我反思和自我发现的工具。当学生在讨论和解决案例中的问题时，他们往往也能更深刻地认识和了解自己的心理状态和需求，从而更有针对性地进行自我调整和改进。

（二）角色扮演

角色扮演是另一种非常有用的体验式教学活动。通过模拟实际情境和扮演不同角色，学生可以更直接和具体地理解特定心理问题并制定解决方案。例如，在一个关于压力管理的课程中，学生可能会被要求扮演一名承受严重工作压力的职员。通过角色扮演，学生不仅能更深刻地认识和了解压力的各种可能来源和影响，还能更准确和有效地学习和运用各种压力管理的方法和技巧。角色扮演活动通常会涉及多个学生和多个角色，这样不仅能模拟更复杂和多变的真实情境，还能促进学生之间的互动和合作。这对于提高学生的社交技能和沟通能力，以及培养他们的团队精神和责任感，都是非常有益的。

（三）问题解决

问题解决是体验式教学中的一个综合性活动，它需要学生在面对一个具体和实际的问题时，运用他们所学的知识和技能来找出最佳的解决方案。在这一活动中，每个小组都会被分配一个特定的问题，如如何有效地管理学习和工作中的压力，或者如何建立和维护健康的人际关系。然后，小组成员需要在一定的时间内进行讨论和分析，最后提出他们认为最合适的解决方案。这种活动不仅能给学生提供一个综合应用和实践所学知识和技能的机会，还能进一步提高学生的分析和判断能力，深化他们对于复杂问题的综合认识和理解。

在实际操作与活动阶段，通过案例讨论、角色扮演和问题解决等多种形式和方法，学生能够在更接近真实生活的环境中进行学习和实践。这不仅有助于他们更全面和深刻地了解心理健康的多个方面和层次，还能更有效和持久地提升他们在心理健康方面的自我认知、自我管理和自我改进能力。这种综合和实际的学习体验往往会在他们未来的学习、工作和生活中产生持久和深远的影响，从而实现心理健康教育的长期目标和价值。

四、反思与评价

反思与评价环节是体验式教学中不可或缺的一部分。只有通过这一环节，学生和教师才能清晰地了解活动是否达到了预定的目标，以及哪些地方需要进一步的改进和优化。

（一）个体反思

个体反思通常是学生在活动结束后进行的一项个人任务。在这一过程中，学生需要深入地思考和反省自己在活动中的表现，包括自己是否理解和掌握了相关的知识和技能，自己在与他人的互动和合作中是否遇到了问题或困难，以及自己在处理特定心理问题时是否找到了有效的解决方案等。个体反思不仅能够提供一个自我评价和自我提升的机会，还能进一步巩固学生的学习成果。通过这一过程，学生往往能更明确地了解自己的长处和短板，更准确地识别自己在心理健康方面的需求和目标，从而更有针对性地进行后续的学习和实践。个体反思还能提高学生的自我觉察和自我调控能力，这对于他们在面对复杂和多变的生活和工作环境，以及在处理各种心理和情感问题时，都是非常重要和必要的。

个体反思步骤如下：

第一，要评估自我表现。每个人都应该对自己在整个过程中的表现进行一个全面的评估。这包括参与程度、解决问题的能力等。这里的关键是诚实地面对自己的长处和不足，以便在未来的活动中做出改进。

第二，要分析自我感受。除了表现，感受和反应也是个体反思中不可忽视的方面。学生应该问自己，在整个活动中有哪些情感或心理上的起伏？这些情感反应是否影响了自己的表现和决策？对此有什么样的看法或观点？

第三，要了解学习成果。每个学生都应该思考他们在活动中具体学到了什么。例如，掌握了相关的心理健康知识，提高了团队协作能力。

第四，要识别进一步的学习需求。反思应该能帮助学生识别他们在哪些方面需要更多的学习和实践。这样，他们可以为未来的学习做更加有针对性的准备。

第五，要撰写反思日志或报告。虽然这不是强制性的，但撰写一个简短的反思日志或报告可以帮助学生更系统和有组织地进行个体反思。这也是一种将模糊或复杂的思想和感受具体化和明确化的有效方式。

（二）小组总结

与个体反思相比，小组总结则更侧重于团体层面的学习成果和不足。在这一过程中，小组成员需要共同讨论并总结他们在整个活动中的表现和经验，以便找出需要改进和优化的地方。小组总结通常会涉及多个方面和层次，如小组成员是否能有效地分工和合作，是否充分利用了各自的优势和资源，以及是否达到了预定的教学目标和效果等。通过这一过程，小组成员不仅能更全面和系统地了解自己和他人，还能更明确和清楚他们在心理健康教育中的共同目标和责任。小组总结还能促进小组成员之间的沟通，增强信任，从而进一步提高他们的团队合作和人际交往能力。这种能力是他们在未来的学习、工作和生活中一个重要的资本和优势。

小组总结步骤如下：

第一，要进行小组表现的总体评估。活动结束后，首要任务是总结小组在活动中的整体表现。这包括对预定目标达成情况、小组动态、小组效率等的评估。重点是确认哪些方面做得好，哪些方面需要改进。

第二，要进行讨论。在讨论中，需要注意小组成员之间的沟通与合作是否顺畅。沟通包括言语交流和非言语的信息交换，如肢体语言、面部表情等。合作则更多地涉及成员之间在解决问题等方面的相互配合。

　　第三，要制订持续改进的计划。在讨论了所有方面之后，小组应共同确定一些针对未来活动的改进措施和行动计划。这些计划应该是具体、可行和量化的，以便在后续的实践中进行准确的评估和调整。

第四节　亲身体验

一、实地考察

　　实地考察活动为大学生提供了一个独特的平台，使学生能够逐步摆脱教科书和课堂的限制，直接接触到心理健康领域的实际操作和专业实践。当学生走进心理咨询中心或精神病医院，他们首先能够观察专业人士如何在这些场所工作。这包括如何与患者进行沟通，如何进行心理评估，以及如何制订和执行治疗计划。与此同时，这样的亲身体验也可以帮助他们更加清晰地了解心理问题和疾病的多层次和多维度性质。实地考察的重要性不仅在于它为学生提供了观察和学习的机会，还在于它极大地增强了学生对于所学知识与实际应用之间关系的认识。当学生见到一个真实的患者，当他们听到这些患者的故事和经历，理论知识往往会在这一刻变得更加生动和有意义。例如，学生在与真实焦虑症患者的互动过程中，往往会对诊断和治疗焦虑症的知识有更加深刻的理解和应用。实地考察也是一种极好的职业导向教育方式。它让学生有机会近距离接触心理健康专业人士，了解这一行业的工作流程、职责范围以及所需要的专业素养和技能。这对于学生来说是极其重要的，因为它能帮助他们更早地认识到自己是否真的适合从事这一职业，以及他们需要哪些额外的知识和技能以满足未来就业的需求。实地考察还能提升学生的社会责任感。当他们见到真实的心理疾病，了解到这些疾病是如何影响个体和社会的，他们往往会更加认识到作为一个心理健康专业人士或者即将进入这一行业的人，自己所肩负的社会责任和应履行的义务。实地考察也为学生提供了一个极佳的自我认知和反思的机会。通过观察和体验，他们可以更加清晰地了解自己在心理健康领域中的兴趣点，以及自己在这一领域中可能会面临的挑战和困惑。这对于他们未来的职业规划和个人发展都是非常有帮助的。此外，需要注意的是，实地考察作为一种教育方法，其本身也是一次心理健康教育的实践。通过这一过程，学生不仅能够收获知识和技能，还能在情感和心理层面得到丰富和提升。他们会学习到如何更加有效地与他人沟通，如何更好地理解和接纳自己和他人，以及如何更有技巧和信心地应对各种心理问题和挑战。

教师和教育机构应当事先与目标场所（心理咨询中心、精神病医院或其他相关机构）进行沟通，以便获得参观和考察的机会。这可能涉及一些正式的流程，如签署保密协议。与此同时，教师需要对学生进行适当的预备教育。这通常包括对即将参观的场所及其工作性质的介绍，以及对如何进行观察、提问和反思的具体指导。教师也应该鼓励学生提前进行一些基础的研究，如了解相关的心理健康理论和概念，或阅读一些与即将参观的场所有关的专业文献。

在实地考察当天，教师和学生应按照事先规划好的时间和路线，集体前往目标场所。实地考察时通常是由场所的专业人员引导，他们会详细介绍该场所的工作流程、服务内容和特色，以及其在心理健康领域的具体任务和责任。学生在考察过程中，不仅可以观察专业人员是如何与客户或患者互动的，还可以了解到不同类型的心理治疗和干预措施，以及这些措施是如何根据个体的不同需求和条件来进行定制和调整的。实地考察也包含与场地专业人员进行互动和访谈。这是一个极好的机会，学生可以借此提出自己的问题和疑惑，并从专业人员那里获得第一手的信息。例如，他们可以询问专业人员是如何进行心理评估的，或是如何处理一些特殊或复杂的心理问题。考察结束后，学生应进行全面和深入的反思和总结。这是实地考察中非常重要的一步，因为只有通过反思和总结，学生才能真正吸收和消化他们从这一过程中所获得的知识和经验。这通常需要在教师的引导和协助下进行，教师可以提供一系列的问题或主题，以激发学生的思考和讨论，如："你在这次考察中最大的收获是什么？"或"这次体验是否改变了你对心理健康专业的看法和认识？"

实地考察是一种极为有效和有价值的教学方法。它不仅可以提供真实和直观的学习环境，还可以提高学生的实际操作能力和批判性思考能力。通过这样的体验式学习，学生不仅能够更好地理解和掌握心理健康的相关知识和技能，还能在情感和心理层面得以成长和提升。它也为学生提供了一个极好的平台，有助于学生更加全面和深入地了解心理健康教育专业，从而做出更加明智和合理的职业和学术选择。

二、执行应用性任务

执行应用性任务或项目通常是一个动态和迭代的过程，学生在这一过程中不仅需要不断地反思和调整自己的实践和操作策略，还需要与教师和同学进行有效的沟通和交流。这不仅能够加强他们对任务或项目的整体把握和控制，还能在一定程度上提高他们的团队合作和人际交往能力。

完成应用性任务或项目后，学生应进行全面和深入的反思和总结。这通常需要在教师的引导和协助下进行，教师可以提供一系列的问题或主题，以激发学生的思考和讨论。这些问题或主题通常会涉及任务或项目的目标达成情况、操作过程中遇到的问题和困难，以及可能需要进一步改进和优化的地方。

总体而言，执行应用性任务或项目有助于提高学生的实际操作能力和批判性思考能力。这种教学方法以学生为中心，以能力培养为导向，从而能更有效地培养出一批具有全面素养、高度责任感和实践能力的心理健康专业人才。

三、辅导模拟

辅导模拟作为大学生体验式心理健康教育的一环，具有一定的教学价值。其是一种实用性和体验性极强的教学方法，使学生有机会从咨询师和被咨询者两个不同的视角去体验和了解心理咨询和治疗的全过程。这不仅有助于学生全面而深入地掌握心理咨询的基本理念、核心技巧和操作流程，而且能提高他们的职业素养和职业能力。

辅导模拟通常会涵盖一系列复杂而富有挑战性的心理问题，如焦虑、抑郁、人际关系困扰、职业规划困扰等。这些问题通常是根据真实案例或教学需求设计和选择的，具有很高的应用价值。通过辅导模拟，学生可以亲身体验到处理这些问题所需的多种心理技巧和方法，如开放性提问、倾听和反馈、情感识别和表达、问题解决和决策等。

在辅导模拟的过程中，学生需要密切关注和分析咨询师和被咨询者的互动和反应，时刻注意和调整自己的态度和行为。这是对他们的观察和分析能力的一次重要考验，以及对他们的沟通和人际交往能力的一次全面锻炼。例如，作为咨询师，学生要清楚如何通过言语和非言语的方式去建立和维护与被咨询者之间的信任，如何通过观察和询问去准确和全面地了解被咨询者的心理需求和问题，以及如何通过分析和判断去选择和应用最合适和最有效的心理干预和治疗手段。作为被咨询者，学生要清楚如何与咨询师有效地沟通和合作，如何诚实和坦率地表达自己的感受和想法，以及如何积极和主动地参与咨询和治疗的全过程。这能够加强他们对心理咨询和治疗的实际理解和应用，更能在一定程度上提高他们的自我觉察和自我调控能力。

完成辅导模拟后，学生通常需要进行全面和深入的反思和总结。这可以通过小组讨论或全班分享等多种形式来进行，主要目的是让学生能够更全面和准确地了解和评价自己在辅导模拟中的表现，以便找出需要改进和提升的地方。这一过程不仅是对学生综合素质和实践能力的一次全面考核，也是对教学内容和方法的一次重要反馈。

辅导模拟作为一种高度实用和综合的教学方法，不仅能够提供真实和生动的学习环境，还能促进学生的专业成长和个人发展。通过这种模拟体验，学生不仅能够更好地掌握和应用心理咨询和治疗的相关知识和技能，还能在心理和情感层面得以成长和提升。这无疑是培养新一代心理健康专业人才的一个有效和有益的途径。

第五节　实践实习

一、实践实习的准备阶段

（一）确定实习的目标

明确实习目标是实习成功的关键。它不仅能帮助学生更有针对性地利用实习的机会，还能在很大程度上提升实习的效果和价值。因此，学生应该在实习开始前就投入足够的时间和精力来进行这一步骤，以确保能够从即将到来的实习中获得最大的收益。

这个步骤不仅为即将到来的实习设定了方向，还为实习之后的评估和反思提供了基准。实习目标可以多样，如有的学生可能希望专精于某一特定的心理治疗技巧，如认知行为疗法、焦点解决短期疗法或家庭系统疗法等。这样，他们在实习中就可以更有针对性地跟随具有这方面经验的导师，更深入地分析相关的案例。也有学生可能希望了解特定类型的心理疾病，如抑郁症、焦虑症或者人格障碍等。对于这类学生来说，实习是了解这些疾病诊断、评估和治疗过程的宝贵机会。他们有机会观察和参与从初级评估到诊断，再到制订治疗计划，最后到进行治疗的全过程。这种全方位、多角度的接触会使他们对所关心的心理疾病有更全面的了解。还有一些学生可能期望提升自己的心理健康服务能力。这通常意味着他们不仅仅关注特定的治疗方法或特定的心理疾病，而是希望能够在实习过程中全面提升，包括但不限于心理评估、危机干预、团体治疗、多学科合作等方面。这样的学生在实习中通常需要更加灵活和全面，他们可能需要在不同的部门中进行轮岗，以确保能够得到全面的培养。不论目标是什么，都需要在实习开始前就进行明确。具体来说，这通常包括与导师进行深入的沟通，以确保双方对实习的目标有共同的理解和期待。在一些情况下，可能还需要对目标进行量化，以便进行后续的评估和反馈。例如，如果目标是提高认知行为疗法的应用能力，可能就需要设置具体的量化指标，如规定不同时间需要做的工作等。

（二）选择适当的实习机构

选择实习机构是一个需要综合考量多个因素的复杂过程。它不仅直接关系到大学生能否实现实习目标，还会对大学生的职业发展产生深远的影响。不同的实习机构具有不同的特点和侧重点，因此对于学生的学习和成长具有不同的影响。心理咨询中心、医院心理科和学校心理健康部门是常见的实习机构，而且每一种机构都有其特定的优缺点，学生应根据实习目标进行选择。例如，心理咨询中心通常更侧重于提供心理咨询和心理治疗服务。如果大学生的实习目标是提高特定类型的心理治疗技巧，这样的机构通常会提供最直接和专业的培训环境。大学生可以在实际工作中运用各种治疗方法，同时有更多机会与经验丰富的心理治疗师进行互动。医院心理科则是一个更为综合和多元的场所，除了心理治疗，这里还涉及更多与医学、药物治疗和其他医疗专业交叉的内容。如果大学生的目标是全面了解心理健康领域，或者对某些特定类型的心理疾病（精神分裂症、重度抑郁症等）有更深入的研究和了解，医院心理科通常会是一个更好的选择。学校心理健康部门则更侧重于预防和教育工作，以及面向特定人群（学生）的心理健康服务。其不仅会提供心理评估和咨询，还会涉及更多与教育和社会环境交叉的问题。如果大学生对学校心理健康工作，或者对青少年心理健康方面感兴趣，这通常会是一个非常合适的实习机构。在选择实习机构的过程中，除了考虑实习目标的匹配度，还需要考虑其他多个方面，如实习机构的地理位置、文化氛围、工作时间等。另外，实习机构的师资力量也是一个非常重要的考虑因素。有经验的导师不仅能提供更高质量的指导和反馈，还能在大学生未来的职业发展中起到重要的推动作用。

（三）预习相关知识

预习相关知识是实习成功的重要因素。没有足够的预备知识，即使是在最优秀的实习机构，也可能无法充分利用学习机会，甚至会给自己和他人带来不必要的困扰和风险。因此，在前往心理行业相关的实习场所之前，对相关领域进行充分的课程学习或自我学习是非常必要的。

具体来说，大学生首先需要对其将要实习的领域有一个全面而深入的了解。这不仅仅是指与其实习工作相关的专业知识，也包括这个领域的历史背景、主要理论、当前的研究动态等。这样不仅可以帮助大学生更好地理解自己将要进行的具体工作，还能让他们更容易地与同事和导师进行有效的沟通。预习还需要涉及一些更为实际和具有操作性的知识和技能，如某些特定的治疗技术、评估方法，或者与患者沟通和建立关系的基础技巧等。在实习期间，这些知识和技能通常会直接用于实际工作，因此拥有坚实的基础通常会大大提高大学生的工作效率和质量。在实际操作中，预习可以通过多种方式进行。除了正规的课程学习，大学生还可以通过阅读专业书籍、学术论文，或者观看相关的在线课程和讲座来进行自我学习。另外，与已经在该领域有经验的人进行交流和咨询，也是一个非常有效的学习方法。总体而言，预习相关知识可以帮助大学生在实习期间获得更多的成果，提高其职业素养和竞争力。

二、实践实习的执行阶段

实践实习的执行阶段涵盖了从规划到执行，再到反馈和调整的全过程。通过精心设计和有效管理这些环节，大学生不仅能充分利用实习提供的各种学习机会，还能为其未来在心理健康领域的职业发展奠定坚实的基础。

实习活动参与则是实习的核心部分。作为实习生，其将有机会深入参与到各种心理健康活动中，如心理评估、咨询辅导和团体治疗等。这些活动不仅能让实习生将课堂上学到的理论知识应用于实际工作，还提供了一定的人际互动机会。例如，在咨询辅导活动中，实习生有机会锻炼自己的沟通和倾听技巧，同时能观察和学习专业咨询师是如何建立与客户之间的信任关系的。

多学科合作是另一个重要的实习环节。在现代的心理健康领域，多学科合作已经成为常态。因此，大学生可利用实习的机会，与医生等其他专业人士进行交流和合作，这样不仅能开阔他们的职业视野，还能提高他们的团队合作和跨领域沟通能力。例如，与医生一起讨论病例可能会让大学生更好地了解药物治疗所产生的效果和副作用。

三、实践实习的总结阶段

实习报告编写是实习总结阶段的首要任务，更是整个实习周期的收尾工作。通过编写详尽的实习报告，大学生有机会系统地回顾和总结自己在实习过程中的表现。报告中应该具体描述实习期间的主要活动、遇到的问题，以及解决这些问题的方法和经验教训。通过这一过程，不仅能加深学生对所学知识和技能的理解和掌握，还能提供一个用于自我评价和未来职业规划的参考。个人随笔或日记也是实习总结阶段的重要组成部分。与形式化的实习报告相比，随笔或日记更侧重于个人的心得体会和感受。学生可以更自由地描述自己在实习中的每一刻——不论是成功还是失败，欢喜还是忧愁。这种形式的写作不仅有助于学生深入反思自己的行为和选择，还能明确指出自己在技能、知识或情感方面需要改进的地方。这样，即使在实习结束后，学生也能在专业发展上取得进步。如果实习是以团队形式进行的，那么小组讨论就变得尤为重要。与个人反思和总结不同，小组讨论侧重于团队层面的学习成果和不足。这是一个让所有团队成员共同交流的平台，也是提高团队凝聚力和合作效率的好方式。在小组讨论中，每个人都可以分享自己的看法和观点，从而共同找出那些需要进一步改进或优化的地方。这不仅增进了团队成员之间的相互了解和信任，还有助于形成一个更为全面和系统的实习总结。

第六章

体验式教学在大学生心理
健康教育中的创新应用路径

第一节　开展沉浸式心理健康课程

一、开展沉浸式心理健康课程的关键

开展沉浸式心理健康课程在现代教育中具有重要意义。这不仅能够让学生了解自身的心理状况，还能够提供一种有效的方法，使学生沉稳面对日益增加的心理压力和挑战。

（一）设计课程框架是至关重要的

设计课程框架在开展沉浸式心理健康课程中无疑是最为关键的一步。在课程框架中，课程长度、内容、教学方式以及评估机制是重要维度。

课程的长度不仅与学生的接受能力有关，也与课程的深度和广度紧密相连。太短的课程可能导致信息传达不全面，学生可能仅仅触及到心理健康课程的皮毛。而过长的课程可能会导致学生疲劳，从而影响学习效果。因此，教师要合理设置课程长度。心理健康课程包含众多内容，从个体的情感、认知到社会性的互动等都有涉及。例如，情绪管理涵盖了情绪识别、情绪表达以及情绪调节等多个方面；压力应对则需要介绍何为压力、压力的来源，以及有效的压力缓解方法等；人际关系模块则可能涉及交流技巧、冲突解决、建立健康关系的方法等；自我认知更是一个多面体，包括自我意识、自我评价、自尊、自信等多个方面。至于教学方式，沉浸式教学法不仅仅是一种教学方法，更是一种教育哲学，它强调在情境中进行学习。这种方式比传统的讲授方式更能激发学生的学习兴趣。教师可以通过实地考察、角色扮演、模拟游戏、小组讨论等多种教学方式，让学生置身于类似实际的情境之中，从而更好地理解和掌握心理健康的各个方面。评估机制也是课程框架中不可或缺的一部分。评估不仅仅是对学生学习成效的检验，更是对整个教学过程和课程设置的反馈。通过评估，教师可以了解到哪些地方是成功的，哪些地方需要改进。而对于学生来说，合理的评估机制可以更好地激发他们的学习积极性，也可以让他们更清晰地了解自己在心理健康方面的优点和不足。

（二）沉浸式教学法的运用也是关键

沉浸式教学法的运用在心理健康课程中具有特殊的重要性，这一教学法不仅能够提高学生的参与度和积极性，还能让他们更好地理解和应用心理健康知识。

沉浸式教学法非常适用于心理健康的教学，因为心理健康课程具有"实践性"和"情境性"。例如，在教授情绪管理这一知识时，教师可通过情境创设来让学生思考如何管理自己的情绪，以及如何有效地与他人交流。同样，在讲解压力应对这一知识时，教师可以设计一些模拟高压情境的活动或游戏，让学生在其中感受压力，并实践不同的压力缓解方法。这种"真实"的体验能让学生更加深刻地理解什么是压力，以及如何有效地应对压力。当然，沉浸式教学也同样适用于人际关系和自我认知方面的教学。通过小组讨论、小组合作等方式，学生不仅可以学习到有关人际交往和自我认知的理论知识，还能在实际的应用中不断地修正和完善自己的认知和行为模式。值得一提的是，沉浸式教学不仅仅是课堂内的活动，也可以延伸到课堂外，甚至是学生的日常生活中。例如，教师可以布置一些实践作业，要求学生在一周内尝试应用所学的心理健康知识去解决实际问题，然后在下一节课上分享自己的经验和感受。

不仅如此,沉浸式教学还能与现代技术相结合,提供更为丰富和多样的教学体验。例如,利用虚拟现实(VR)技术,教师可以创建更为逼真的模拟环境,让学生在其中进行实践;通过在线平台,学生可以随时随地访问课程资源,参与在线讨论,甚至进行远程合作。

(三)多元化的教学方法和工具也非常重要

多元化的教学方法和工具在心理健康教育中占有非常重要的位置,它们不仅能丰富教学内容,还能提高教学效率,增强学生的参与感和学习兴趣。特别是在今天这个信息爆炸、技术日新月异的时代,利用多元化的教学方法和工具进行教学已经不再是一种选择,而是一种必然。

多媒体教学作为最基础的多元教学方式,几乎已经成为当代教学的标配。通过使用图片、视频、动画等多媒体元素,教师可以更加生动和形象地展示心理健康课程的各种理论。例如,在讲解"应激反应"的时候,教师可以使用动画来模拟人体在应激状态下的生理变化,这样不仅能吸引学生的注意力,还能加深他们对这一概念的理解。而在线与离线的结合也是多元化教学方法中不可或缺的一部分。在心理健康课程中,除了传统的课堂教学,教师还可以利用在线平台发布课程资料、布置作业,甚至进行线上测试和答疑。这样不仅能提供更多的学习资源和时间,还能激发学生的自主学习能力。在一些特殊情况下,线上教学有可能成为唯一可行的教学方式。实地考察则是另一种非常有效的多元教学方法,尤其适用于心理健康实践性教学。通过组织学生参观心理医院或是与心理健康有关的研究机构,学生可以直接观察心理健康工作的实际情况,这样更容易激发他们的学习兴趣,也能让他们更加深刻地理解心理健康的重要性。多样化的教学方式具有灵活性和适应性,能够满足不同学生群体的多样化需求。有的学生可能喜欢通过观看视频来学习,而有的学生更喜欢通过实践和操作来获取知识。因此,教师需要根据学生的不同特点和需求,灵活运用多种教学方法和工具。采用多元化的教学方法和工具还能极大地提高教学的互动性。通过使用在线讨论板、实时问答等工具，教师可以更容易地了解学生的学习状况和需求，也能更方便地收集和整理教学反馈，从而不断优化教学方案。

（四）课程应有足够的灵活性，以适应不同文化和社会背景下的学生

心理健康是一个多维度、多层次的概念，它受到个体生理、心理、文化、社会等多种因素的影响。因此，在设计和实施心理健康课程时，必须充分考虑到其多样性和复杂性。特别是在越来越全球化、多元化的现代社会中，课程需要具有足够的灵活性，以适应来自不同文化和社会背景的学生。文化背景在心理健康教育中占有不可忽视的地位。不同文化有不同的价值观、信仰、社会规范等，这些都会影响个体的心理健康观念和心理健康实践。例如，在一些文化中，谈论心理健康可能是一种禁忌，而在其他文化中，则可能是一种被高度重视和鼓励的行为。因此，课程设计时应该尽量避免采用"单一"或"普遍适用"的模式，而应该尝试引入更多的元素。一种可行的方式是通过跨文化的案例研究和讨论来增加课程的文化敏感性。例如，教师可以选择一些涉及不同文化背景的心理健康案例，让学生进行分析和讨论，这样可以提高他们的文化意识和文化适应能力。课程应当充分考虑到不同社会背景下学生的特殊需求和期望。例如，对于来自较为贫困地区的学生，他们可能更关注如何通过心理调适来改善生活质量；而对于来自更为富裕地区的学生，他们可能更关注如何通过心理优化来提升工作或学术表现。这就意味着课程内容和教学方法都需要具有一定的灵活性和可定制性。教师可以根据学生的具体情况，适时调整教学进度、难度和重点，甚至可以通过个性化的教学方案来满足不同学生的个性化需求。除了课程内容和教学方法外，评估机制也是一个需要考虑多元化元素的重要环节。传统的笔试或是标准化测试可能并不适用于所有学生，特别是那些来自不同文化或

社会背景的学生。因此，教师可以采用更为多元和灵活的评估方式，如口头报告、项目展示、实际操作等，以更全面和准确地评价学生的学习效果。

二、开展沉浸式心理健康课程的具体路径

开展沉浸式心理健康课程是一个复杂但非常必要的过程，需要一套周密的计划和多方面的支持。通过计划的设计和执行，以及多方面的支持和配合，有望实现心理健康教育全面发展。

（一）前期调研和需求分析

前期调研和需求分析在任何教学项目，如沉浸式心理健康课程这样复杂和多维度的项目，都是至关重要的第一步。一方面，它提供了宝贵的信息和数据，有助于确保课程设计能够真正满足目标群体的需求和期望。另一方面，它也有助于教育者和决策者更加明确地了解课程实施所面临的各种挑战和机会，从而能够做出更为科学合理的决策。

了解目标群体的文化背景是前期调研和需求分析的一个重要组成部分。文化不仅影响着人们的价值观和行为模式，还在很大程度上决定了他们对心理健康的认知和态度。例如，在某些文化中，情感和心理问题可能被视为个人隐私，而在其他文化中，这些问题则可能被视为普遍存在，甚至是值得公开讨论和寻求帮助的问题。因此，对目标群体的文化背景进行深入的了解和分析，不仅可以帮助教育者更为准确地判断和预测他们的需求和反应，还有助于课程设计者更为有效地制定和调整教学内容和方法。

了解目标群体的学习需求也是非常重要的。不同的人由于年龄、性别、教育背景、职业等不同，在心理健康方面的需求和问题可能会有很大的差异。例如，青少年可能更关注与自我认知和人际关系有关的问题，而中老年人可能更关注与压力管理和情绪调适有关的问题。通过详

细的需求分析，可以更为准确地确定课程的主题和重点，以及可能需要采用的教学方法和工具。

了解目标群体的心理健康状况是另一个需要考虑的因素。这不仅包括他们可能存在的各种心理问题和障碍，还包括他们对于这些问题和障碍的认知和态度，以及他们在日常生活和工作中可能遇到的各种心理压力和挑战。这些信息有助于教育者更为全面和深入地了解目标群体的实际情况，从而能够更为有效地设计和实施各种教学活动。

要想获取这些信息和数据，可以通过多种方式进行前期调研和需求分析，包括但不限于问卷调查、深度访谈、参与观察、文献分析等。其中，问卷调查和深度访谈是比较直接和有效的数据收集方法，可以快速地获取大量的定量和定性数据；而参与观察和文献分析是间接但更为全面和深入的数据收集方法，可以帮助教育者更为细致地了解目标群体的日常生活和心理状态。

（二）制定课程大纲

制定课程大纲是教学过程中不可或缺的一环，特别是在沉浸式心理健康课程这样涉及多个变量和考量的项目里，是课程实施成功与否的决定性因素。通过仔细规划，课程设计者不仅确保了整体框架的合理性和连贯性，还能更为有效地满足目标群体的具体需求和期望。

理论框架是课程大纲的骨架。它不仅为课程提供了清晰的指导思想，还为教学和评估提供了合理的依据和指导。在心理健康领域，这通常涉及一系列复杂和多维度的概念和理论，如心理发展理论、社会认知理论、情绪智力理论等。通过整合和运用这些理论，教育者不仅能更为准确和全面地解释和分析各种心理问题，还能更为科学和合理地设计和实施各种教学活动。具体内容是课程大纲的核心。根据前期调研和需求分析的结果，教育者应仔细选择和安排各个教学主题和模块，以确保它们能够真正满足目标群体的实际需求和期望。这通常涉及多个方面，如情绪管理、压力应对、人际关系、自我认知等。除了基础理论和知识，具体内容还应包括一系列与实际生活和工作相关的案例，以便学生更为直观和深入地理解和应用所学知识。教学方法则是课程大纲的关键执行工具。在沉浸式心理健康课程中，需要采用多样化的教学方法，如角色扮演、小组讨论、案例分析、模拟实验等。这些方法不仅能增强学生的参与度和学习兴趣，还能提高他们的实践能力和创新思维。因此，在制定教学方法时，教育者应充分考虑其与具体内容和目标群体需求的匹配度，以及其在教学过程中可能产生的各种效果和影响。

评估是课程大纲的反馈和调整手段。通过定期和系统的评估，教育者不仅能及时了解和判断课程实施的效果和问题，还能更为科学合理地调整和优化教学内容和方法。在沉浸式心理健康课程中，要用到多种评估指标，如学生的学习成绩、教师的教学质量、课程内容的适用性和实用性等。

（三）资源整合和教材准备

资源整合和教材准备是一个系统和综合的工程，它需要教育者和课程组织者具备高度的专业素养和实践能力，以及广泛和深入的社会观察和人文关怀。只有这样，才能确保沉浸式心理健康课程能够真正达到其预定的目标和效果，从而提高整个教育体系的质量和效益。这不仅是一个教育和学术问题，更是一个社会和伦理问题。因此，与之相关的各方（政府、社会、学校、家庭等）都应该给予足够的关注和支持，以便能够共同推动和实现这一崇高和迫切的任务。

教材是沉浸式心理健康课程的基础和载体。优质的教材不仅能提供系统和全面的知识和信息，还能提供丰富和多样的学习和实践场景。这就要求教材的内容和结构必须紧密地结合目标群体的特性和需求，以及课程的目标和要求。这意味着，除了传统的文本和图像，教材还应包括一系列与实际生活和社会密切相关的案例、故事、问题和任务。这样，学生不仅能更为深入和透彻地理解和掌握各种心理健康知识和技能，还能更为有效和自信地运用它们去解决和应对各种实际问题。

场地是开展沉浸式心理健康课程的平台和舞台。适当的场地不仅能提供安全和舒适的学习和实践环境，还能提供一系列必要的设施和器材，如多媒体设备、实验器具等。这就要求课程组织者在课程设计和实施的各个阶段都要充分考虑场地的选择和使用。这通常涉及多个方面，如场地的大小、布局、装修、光照、通风等，以及场地的可用性、可达性和可持续性等。

对不同文化和社会背景的考量也是资源整合和教材准备中不可忽视的一个因素。由于心理健康是一个多元和复杂的概念，它受到多种因素（文化、社会、经济等）的影响和制约，所以教材和场地必须具有一定的灵活性和适应性，以便能够满足不同文化和社会背景下学生的特定需求和期望。这通常涉及教材内容的多元化和个性化，如提供多种版本，以及提供多种场地和设施选项，如城市和乡村，公共和私人等。

（四）教师培训

教师培训在沉浸式心理健康课程的成功实施中起到至关重要的作用。虽然课程设计、资源整合和教材准备等环节是必不可少的，但如果没有合格、专业和充满热情的教师来进行教学，所有这些努力都可能会白费。因此，教师培训应作为课程实施计划中的一项核心任务来认真对待和精心安排。

教师必须具有一定的心理学专业背景。这不仅包括对心理学基础理论和方法的全面和深入的掌握，还包括对心理健康的多元和复杂性的敏锐和深刻的认识。这意味着，教师不仅要能够解释和阐述各种心理健康知识和技能，还要能够诊断和分析各种心理问题，以及设计和实施各种心理干预和改善方案。

教师还需要接受专门的沉浸式教学法培训。与传统的教学法相比，沉浸式教学法更加强调情境、体验和参与。这就要求教师不仅具备丰富和灵活的教学手段和策略，还要具备高度的观察和反应能力。例如，教师应该能够根据不同学生的特点和需求，以及不同教学内容和目标，灵活地运用各种沉浸式教学方法和工具，如角色扮演、模拟实验、案例分析、小组讨论等。除了专业背景和教学技巧，教师还应具备一定的社会和文化敏感性。教师培训也应是一个持续和发展的过程。教师应该不断地更新和完善自己的专业知识和教学技能，不断地反思和调整自己的教学理念和态度。只有这样，教师才能真正成为沉浸式心理健康课程成功实施的关键因素，从而提高整个教育体系的质量和效益。

（五）持续评估和调整

持续评估和调整是一个复杂但至关重要的任务。它不仅需要多方面和多角度的数据和信息，还需要一定的专业知识和技能，以及强烈的责任感和使命感。只有这样，沉浸式心理健康课程才能真正实现其预期目标，不仅造福于当前的学生和教师，还能对当今和未来社会产生更大和更深远的影响。

针对学生的学习成效，持续评估应该是多维度和多层次的。除了常规的成绩和表现评价，还应该包括学生在情感、态度等非智力因素上的发展和变化。例如，一个成功的沉浸式心理健康课程不仅应该能够提高学生的心理健康技能和意识，还应该能够促进他们在情绪管理、压力应对、人际关系等方面的发展和进步。这通常需要运用多种评估工具和方法，如自评问卷、同侪评价、教师观察、家长反馈等。

教师的教学质量也是一个重要的评估对象。这不仅包括教师的专业知识和技能，还包括他们在课堂管理、学生引导、教学创新等方面的表现和成就。对于沉浸式教学特别重要的是，教师应该能够创造和维护积极、开放和支持性的学习环境，以便学生能够更好地投入和参与，从而获得更多和更深的学习体验。这通常需要进行定期的教学观摩、同行评审、学生评价等。

课程内容的实用性和相关性也是持续评估的一个重要内容。这不仅涉及课程大纲和教材的科学性和系统性，还涉及它们与学生实际需求和社会实际情况的匹配程度。例如，一个好的沉浸式心理健康课程不仅应该包括经典和基础的心理健康理论和模型，还应该包括当代和前沿的心理问题和挑战，如网络成瘾等。

持续评估和调整也应该是一个开放和参与性的过程。除了教师和学生，其他与课程相关的各方（学校管理者、心理健康专家、社会工作者、家长等）也应该有机会和渠道参与到这一过程中来。这不仅能够增强评估的全面性和客观性，还能够提高所有参与者对课程目标和价值的认同和支持。

（六）建立长期机制

建立长期机制是确保沉浸式心理健康课程能够持久、有效并逐渐改善的关键。长期机制通常包括持续的资金支持、教材更新、教师培训、学生跟进以及与相关机构和部门的合作和对接。

持续的资金支持是任何长期项目的生命线。沉浸式心理健康课程需要各种资源，包括人力、物力、时间等，这些都需要稳定和充足的资金支持。资金来源可以多样，包括政府拨款、学校预算、社会捐赠、项目资助等。更重要的是，资金的使用应该是透明、合规并高效的，确保每一分钱都用在刀刃上，并产生最大的社会和教育效益。

教材的更新和完善也是一个持续和长期的任务。随着心理健康领域的研究和实践不断发展和变化，教材需要定期进行修订和更新，以反映和包含最新的理论、数据、方法和案例。这不仅能保证课程内容的科学性和前瞻性，还能增强学生和教师的学习和教学兴趣。

教师培训是长期机制中另一个关键环节。随着教育理念、学科知识和教学技术的快速发展，教师需要不断地提升自己的专业素养和能力。

这通常包括定期的内部和外部培训、教学交流和研讨、在线和离线的自主学习等。对于沉浸式心理健康课程特别重要的是，教师要学习和掌握最新的沉浸式教学法和工具，以便能更有效地激发和引导学生的学习和发展。

除了以上几个主要方面，建立长期机制还体现在以下方面。例如，应该建立一套完善的学生跟进和支持系统，以便能及时了解学生在课程中可能遇到的各种问题和困难；应该与相关的机构和部门建立密切的合作和对接关系，以便能共享和利用各种资源和信息，同时能避免重复和浪费。

第二节 开展体验式心理健康教育游戏化课程

一、开展体验式心理健康教育游戏化课程的要点和注意事项

体验式心理健康教育游戏化教学是一种创新的教学方法，旨在通过游戏和互动活动来促进学生的心理健康和情感发展。这种教学模式可以让学生更容易地参与到课程中，同时能让他们在轻松愉快的环境中学习到重要的心理健康知识和技巧。

（一）明确目标

明确体验式心理健康教育游戏化课程的目标和学习成果在课程设计和实施中起到至关重要的作用。在这一阶段，教师需要细致地考虑课程应该解决什么核心问题，以及学生通过参与这一教育活动应该获得哪些具体的知识、技能。教师要认识到心理健康课程涉及个体如何面对生活的压力、如何处理人际关系，以及如何维护自我认知和情感平衡等多方面的内容。因此，课程目标应该是全面而综合的，覆盖从基础心理健康

概念到复杂的应对策略和心理调适技巧等多个层面。在知识方面，学生应该了解到心理健康的多维性，包括它为何重要，以及其如何影响个人和社会。同时，学生也应该掌握一些关键的心理概念，如自我效能感、心理韧性和情绪智力等，并明白它们如何与个体的心理健康相互影响。在技能方面，课程应当强调实用性和可操作性，让学生能够运用这些知识来解决实际问题。例如，他们应该了解如何识别和管理自己的情绪，如何有效地与他人沟通，以及如何建立和维护健康的人际关系。在情感和态度方面，课程应该努力营造积极、支持性和非评判性的学习环境，目标是帮助学生形成对自己和他人更为积极和包容的看法，从而增强他们的自尊心和自信心。这也有助于他们更好地应对生活的压力和挑战，以及更加积极地与社会互动。

（二）选择适当的游戏

在体验式心理健康教育游戏化课程中，选择适当的游戏十分重要。游戏不仅可以作为教学的工具和媒介，也会影响学生的参与度、学习效果以及对课程整体的评价。因此，选择与课程目标和内容紧密相关的游戏，将为成功实施课程和达成学习成果打下坚实的基础。

首先，要理解游戏在教学中的多重作用。游戏既能够激发学生的兴趣和参与热情，也能够通过具体的任务和挑战，让学生在实践中掌握或应用所学的理论知识。此外，良好的游戏还能促进团队合作、问题解决和批判性思考等多种技能的发展。因此，在选择游戏时，不仅要考虑其娱乐性和可玩性，还要重点考察其教育性和实用性。

其次，要确保所选的游戏能够与课程目标和内容形成高度的契合性。例如，如果课程的一个主要目标是提高学生的情绪管理能力，那么游戏应该设计一些与情绪识别、调控和表达相关的任务和挑战。只有这样，学生才能在游戏中得到针对性的训练和实践，从而更有效地达成学习目标。

最后，要注意游戏的普适性和包容性。不同的学生有不同的学习需求和兴趣，因此游戏应当具备足够的灵活性，以适应不同学生的特点。例如，可以通过设置不同难度级别、提供多种解决方案或者开放多个角色等方式，来满足不同学生的需求。

此外，游戏的选择也不能忽视实用性和可行性因素，要考虑到课程的时间、空间、设备和资金等实际限制，确保所选游戏能够在这些条件下顺利进行。也就是说，在追求游戏的教育价值和趣味性的同时，还要保证它们在实际操作中的可行性和便利性。同时，游戏的效果评估也是一个不能忽视的环节。在课程实施过程中，应当对游戏的运行状况、学生的参与度以及学习效果等进行持续的监测和评估。这不仅有助于及时发现和解决问题，也为课程的后续优化提供了宝贵的数据和经验。

体验式心理健康教育游戏化教学发展并不是一帆风顺的。随着学生需求的变化和心理健康领域研究的不断深入，游戏也需要进行持续的更新和改进。

（三）开展多样化的活动

开展多样化的活动在体验式心理健康教育游戏化课程中具有非常重要的作用。多样化而富有互动性的教学环境不仅可以提高学生的参与度，还有助于满足不同学生的学习需求和兴趣。更重要的是，通过多种类型的活动，学生可以从不同的角度和层面来理解和应用心理健康的相关知识和技能，从而达到更全面和深入的学习效果。

多样化的活动能够覆盖更广泛的学习内容和目标。例如，通过角色扮演游戏可以帮助学生更好地理解和体验人际关系中的复杂动态，通过解谜或冒险类游戏则可以锻炼学生的问题解决和决策能力。通过合理组合和安排这些不同类型的游戏，教师可以确保课程内容既丰富又全面，也更有可能激发每一个学生的个性和兴趣。

开展多样化的活动有助于增强学生的参与和投入度。通过提供多种选择，学生更有可能找到适合自己的学习路径和节奏。例如，一些学生可能更喜欢团队合作和社交互动，而另一些学生可能更倾向于独立思考和个人挑战。在多样化的教学环境中，每个学生都有机会按照自己的方式参与和做贡献，从而感到更为满足和自信。开展多样化的活动也有助于提高学生学习的效率和质量。研究表明，当学习活动与学生的先验知识、兴趣和能力相匹配时，他们更容易进入"流"的状态，即一种高度专注和充分参与的心理状态。在这种状态下，学生不仅可以更快地掌握新知识和技能，还更容易将其应用于实际生活和工作中。

二、开展体验式心理健康教育游戏化课程的具体路径

体验式心理健康教育游戏化教学是一种新型的教育模式，它结合了游戏元素和体验式学习方法，以增强学生的参与度、兴趣和学习效果。与传统的心理健康教育不同，这种模式更加注重实际操作和情境模拟，以便学生能够更直观和深入地理解和应用心理健康相关知识和技能。

体验式心理健康教育游戏化课程将心理健康教育的内容和游戏元素融为一体，旨在通过一种更加互动和引人入胜的方式来提高学生对心理健康知识的理解和应用能力。这种教育模式以核心主题或问题为出发点，通过一系列精心设计的游戏来引导学生探究、体验并最终解决或应对这些问题。当提到"核心主题或问题"，可以联想到一系列与之相关的心理健康议题，如压力管理、自我认知和人际关系。这些不仅是学术上的概念，更是生活中每个人或多或少会遇到的挑战。以压力管理为例，许多学生可能会因为学习、人际关系或家庭问题而感到压力重重。课程设计者可以运用数字化和虚拟的手段，如模拟游戏，让学生在较为真实但又相对安全的环境中体验压力和应对压力。这样的体验不仅可以加强学生对压力管理理论的理解，还能帮助他们在实际生活中更好地应对压力。除了数字化和虚拟游戏外，课程也可以包括更为现实和物质的活动。角色扮演、团队挑战是其中的佼佼者。在角色扮演活动中，学

生可以扮演不同的角色，从而从多个视角去理解和解决一个问题。这样的活动特别适用于像人际关系这样涉及多方主体和复杂情感的议题。而团队挑战可以用来培养学生的团队合作能力和解决问题的能力。这些活动的设计并非随意，而是需要依据教育心理学、认知科学和游戏设计等多个学科的理论和研究。设计者需要深入了解目标群体的需求和特点，精心设置活动规则、任务和奖励机制，并适当地引入教学内容和评估标准。这一切都是为了确保学生能够在参与和体验的过程中，真正获得有价值的心理健康知识和技能。同时，教师在运用体验式心理健康教育游戏化课程时，也需要具备一定的专业素养和实践经验。他们不仅需要熟悉各种活动的操作规则和教学目标，还需要具备足够的观察和反思能力，以便能够及时捕捉到学生的需求和反应，合理地调整教学策略和内容。

为了确保学生能够全面和系统地参与和体验，通常会在课程设计中加入多种教学方法和评估工具，如讨论、观察、反思、测试等。这些方法和工具不仅可以提供多角度和多层次的学习内容，也能够实时地监测和反馈学生的学习状态和需求，从而更精确地调整教学策略和内容。

由于体验式学习是一个持续和动态的过程，因此在课程实施中也需要不断地与学生进行互动和沟通，以便能够及时了解他们的想法和感受，解决他们的疑虑和困惑，并激发他们的积极性和创造性。为了实现这一目标，教师需要具有高度的敏感性和观察力，以便能够准确地捕捉和解读学生的非言语信号和心理反应。与此同时，体验式心理健康教育游戏化课程也面临一些挑战和限制，如资源分配、技术支持、学生参与度等。因此，在课程设计和实施中，需要充分考虑这些因素的影响和变化，以便能够更灵活和有效地应对各种不确定和复杂性。这需要教师进行持续的学习和更新，以便能够掌握最新的教育理念和技术，也需要其与其他教师、专家和机构进行合作和交流，以便能够共享和融合各种资源和经验。

总体而言，体验式心理健康教育游戏化教学是一种非常有前景和潜力的教育模式。它不仅可以提供更加生动和直观的学习环境，也能够更好地满足学生的个性化和多样化需求。与此同时，也需要教师具有高度的专业素养和敬业精神，以便能够全面和深入地把握和应用这一模式的各种原理和技巧，并不断地进行自我更新和提升，以便能够应对未来教育的各种挑战。只有这样，才能确保体验式心理健康教育游戏化课程能够真正实现其预定的教学目标和社会价值，并赢得学生和社会的广泛认可和支持。

第三节　对体验式心理健康课程进行跨学科整合

一、对体验式心理健康课程进行跨学科整合的意义与价值

对体验式心理健康课程进行跨学科整合有着重要的意义和价值。这种整合不仅能丰富和拓宽教育内容，提供多元和创新的教学方法，还能促进学生的全面发展。因此，对于教育者和课程设计者来说，如何有效地进行跨学科整合，使之服务于心理健康教育的目标，是一个值得深入探讨和实践的课题。

（一）有利于丰富课程内涵

对体验式心理健康课程进行跨学科整合的意义主要体现在丰富课程内涵方面。心理健康自身是一个高度复杂和多维度的主题，它与人们的情感、认知、行为以及与他人和社会的互动密切相关。单一学科的视角往往难以全面捕捉和解释这种复杂性。这就是跨学科整合不仅有用，而且必不可少的原因。

在传统的心理健康课程中，教学内容通常集中于心理理论、心理疾

病的诊断和治疗方法等方面。但当人们将心理健康与其他学科，如社会学、人类学或哲学结合起来时，课程的内涵将得到极大的丰富。举例来说，在研究个体心理健康情况时，如果加入社会学的视角，人们就可以深入探讨社会结构、社会压力和社会支持如何影响个体的心理状态。通过研究不同文化和社会群体的心理健康观念，学生可以知晓心理健康不仅受个体因素影响，还受到广泛的社会和文化因素的影响。

类似地，人类学可以提供关于人类行为和信仰在不同文化和历史背景下的多样性的深入见解。这些见解有助于人们知晓，心理健康并不是一个普遍适用的概念，而是在不同文化和社会环境中有着不同的内涵和表现形式。例如，在某些文化中，与家庭和社群保持紧密联系可能被视为心理健康的重要组成部分，而在其他文化中，可能更注重个体自主和自我实现。

哲学则可以引入一系列关于人的本质、道德责任和生命意义等深刻议题。这些议题看似与心理健康不直接相关，但实际上，对这些基本问题的深入思考和理解，往往能够帮助人们更好地认识自我，处理内心的矛盾和困惑，从而达到一种更为健康的心理状态。

当不同学科的视角和方法被整合到体验式心理健康课程中时，不仅能够提供更加全面和多元的学习环境，还能激发学生的学习兴趣和探究欲。学生不再是被动地接受知识和信息，而是成为积极参与和体验的主体。他们可以通过实验、讨论和反思，将理论知识与个人经验和社会现实相结合，从而获得更为深刻和持久的学习效果。

总体而言，跨学科整合不仅有助于开阔心理健康教育的视野，还能够更有效地满足学生多样化的学习需求和兴趣。它使课程内容更加丰富和多维，提供了更多的学习资源和教学方法，从而极大地提高了体验式心理健康课程的教育价值和社会影响力。

（二）有利于丰富教学手段

体验式心理健康课程通过跨学科整合，在教学手段方面能够得到极大的丰富和拓展。不同的学科有其特有的教学方法和思维模式，整合这些多样化的元素能够创造更为全面和吸引人的学习环境。

可以考虑游戏设计。游戏不仅可以作为一种强有力的教学工具，而且可以通过不同的任务和挑战，创造一种富有动力和参与性的学习氛围。例如，利用角色扮演游戏（RPG）来模拟现实生活中的人际互动和冲突解决，不仅可以让学生在相对安全和具有支持性的环境中练习社交技能，还能帮助他们更好地理解心理学理论和模型，如社交认知、情绪调节等。

利用艺术进行表达也是极好的教学手段。通过绘画、戏剧或音乐等多种艺术形式，学生可以更自由和直接地表达自己的情感和想法。这不仅有助于情感的宣泄和自我认识，还能够通过艺术作品本身，激发对心理健康相关议题的深入思考和讨论。例如，通过心理健康主题的戏剧表演活动，学生不仅能够在实践中学习戏剧制作和表演的基本技巧，还能通过角色的扮演和故事的展开，对心理健康有更加深刻和多维度的理解。

科技和数字工具为教学提供了更多的可能性。例如，通过虚拟现实（VR）技术，教师可以模拟不同心理状态，如抑郁、焦虑或社交恐惧等。这样的模拟不仅可以让学生有机会体验和理解这些心理状态，还能通过与虚拟角色的互动，学习一系列与之相关的心理技巧和应对策略。

跨学科整合也能带来更多的合作和交流机会。通过与其他学科或专业的教师进行合作，心理健康课程可以借鉴和引入更多的教学资源和方法，如心理学与神经科学的交叉研究，或心理健康与社会福利政策的联动等。

跨学科整合在丰富教学手段方面具有巨大的潜力和价值。它不仅能够提供更多的教学工具和资源，还能提高学生的学习兴趣和参与度，从而极大地提高教育的质量和效果。这种教学多样性不仅有助于实现教育目标，更能培养学生的创造性思维、批判性思考和多元文化理解能力，这些都是现代社会急需而又难以通过传统教育方法有效培养的重要能力。

（三）有利于培养大学生的综合素质

跨学科整合在心理健康教育中不仅仅是一种教学策略，更是一种有力的人才培养模式，具有显著的价值和重要性。从学生的全面发展角度出发，这种整合方式能够有效地培养学生的综合素质，而这些是无法或很难通过单一学科教育获得的。

跨学科整合有助于培养学生的多元认知能力。在传统的心理健康教育中，教学内容主要集中在心理理论、病理模型或治疗方法等方面。但是，当这一学科与其他如社会学、文学、哲学或自然科学等领域进行整合时，学生需要运用更多的认知模型和思维方式来理解和解决问题。例如，借助文学作品来理解人的复杂性和多样性，或者通过自然科学的研究方法来探索心理现象的生物基础。

跨学科整合也能促进学生情感智能的发展。当心理健康教育与艺术等领域结合时，学生有机会通过更加直观和感性的方式去理解和表达自己的情感和心理状态。这不仅能提高他们的自我认知和自我管理能力，还能在某种程度上帮助他们更好地理解和接纳他人。

跨学科整合有助于提高学生应用知识的能力。通过与社会学、经济学或政治学等学科的融合，心理健康教育可以在更宽广的社会和文化背景下进行。这不仅有助于学生理解个体心理健康与社会结构和文化因素的关系，还能提供更多实际和具体的社交场景和问题解决方案，以便他们在现实生活中更有效地应用所学知识和技能。更重要的是，这种综合式的教育模式能够促进学生主动学习和自我发展。因为它不仅提供了多样化的学习资源和教学方法，还创造了开放和多元的学习环境，学生在这里可运用多种信息和知识，以完成各种复杂和具有挑战性的任务和项目。这不仅能够激发他们的学习兴趣和动力，还能通过实践和反思，不断地修正和完善自己的认知结构和行为模式。

要整合不同学科的资源和优势，构建全面、多元的心理健康课程。这需要教育者有足够的知识储备和跨学科的教学视角，同时需要与其他学科的教师进行深度的合作和交流。要将更多的实验和实践活动纳入课程之中。这可以是社会实践、艺术创作、科学实验等，旨在通过实际操作来加深学生对心理健康知识和技能的理解和掌握。要利用现代教育技术，如在线平台、虚拟现实技术等，构建更加互动和个性化的学习环境。这不仅可以提高学生的学习效果，还可以培养他们的团队合作和沟通能力。要鼓励学生参与课程的设计和改进，收集他们的反馈和建议，以确保课程更符合他们的实际需求和兴趣。

（四）有利于得到更多的支持与帮助

跨学科整合的体验式心理健康课程，通过全面而多元的教育形式，不仅丰富了课程自身的内涵，还展示了对更广泛社会问题的深刻洞察。这种课程设计不仅仅是对教学和学习的改革或提升，而是一种更为全面和多元的教育实践，它涉及更为广泛的社会和文化议题，从而更容易得到社会各界的广泛认同和支持。

这种整合方式能够提供更全面的视角来理解复杂的社会问题，如心理健康与社会福利、文化多样性等。这不仅有助于解决这些问题，还提供了一种强有力的教育工具，使学生能够更全面、更深入地理解这些社会现象和挑战。在当今这个日益全球化和多元化的世界中，这种全面和深入的理解是至关重要的。跨学科整合的心理健康教育因其多元性和开放性，更容易吸引来自不同背景和专业的学者、专家和社会活动家的参与。这种多样性不仅能够丰富课程内容，还能在某种程度上提高其教育质量和社会影响力。这种多样性不仅能引起更多的创新和探索，还能为解决实际问题提供更多的可能性和资源。

由于体验式心理健康课程具有实用性，因而更容易获得社会和政府的支持和资助。特别是在心理健康日益成为公共关注焦点的今天，这种课程会受到各方面的高度重视。不仅如此，其跨学科和体验式的教育方法也可能吸引企业和非政府组织的关注，从而获得更多的合作和支持机会。这种跨学科整合方式，因其强调个体与社会、文化、经济等多重因素的相互影响，更容易引发公众的讨论和关注。这不仅有助于加深公众对心理问题的认识和理解，还能为进一步的研究和行动提供更广泛的社会基础。当越来越多的人开始关注和参与这一议题时，就会集聚更多的社会资源和力量，以共同推动心理健康知识的普及和宣传。

总体而言，跨学科整合的体验式心理健康教育，通过全面、深入和多元的教学内容和方法，不仅能够更有效地培养学生的多方面能力和素质，还能在更广泛的社会和文化背景下，提供更为有力和有效的教育方案。这种教育模式，因其具有较高的社会相关性和实用性，更容易得到社会各界的广泛认同和支持，从而具有更为深远的教育意义和社会价值。

二、对体验式心理健康课程进行跨学科整合的具体路径

在对体验式心理健康课程进行跨学科整合时，可以采用系统的方法。这不仅能提高教学质量和学生满意度，还能使课程更加贴近社会需求，从而获得更广泛的社会影响力。

（一）进行课程设计与规划

在设计和规划体验式心理健康课程的跨学科整合过程中，一些关键步骤和要点值得详细考虑。这不仅能确保课程设计与目标的一致性，还能进一步提高教学质量和学生满意度。

　　在需求分析阶段，涉及的内容远远不止表面的调查或简单的问卷。它需要涵盖多方面的深度分析，包括与学生、教师、学校行政部门以及可能的社会合作伙伴进行详细的对话。这个阶段可以通过开展小组讨论、深度访谈和田野观察等多种方式来获取更丰富和多角度的信息。目标设定过程也需要是动态和可调整的。除了明确教学内容和预期成果外，还需要考虑如何将课程整合到更大的教育体系或社会服务网络中。

　　在学科选择与合作阶段，考虑与哪些学科进行整合是一个战略性的决策。这不仅涉及学科内容的互补和拓展，还需要考虑实际操作中可能遇到的资源、时间和人力等限制。例如，在选择与社会学或人类学整合时，需要考虑与社会科学院或相关学科的教师进行多次讨论和协调，以确保双方都能从这种整合中获益。在选择与哲学、艺术或科技等非主流但具有高度相关性的学科整合时，更需要进行深入的研究和实验性的尝试，以探索最有效的整合模式和方法。

　　课程框架构建是课程设计和规划过程中最为核心和关键的环节。以心理健康课程为核心，其需要涵盖理论教学、实验操作、实地考察和社会实践等多个层面。例如，在一个学期内，可以通过不同类型的讲座来开阔学生的知识视野。这些讲座不仅可以介绍各自学科在心理健康方面的最新研究和应用，还可以为学生提供一个与专家进行直接交流和学术讨论的平台。此外，课程框架还需要包含多种教学方法和活动，如小组讨论、案例分析、角色扮演和模拟实验等，以促进学生的全面发展。

　　对体验式心理健康课程进行跨学科整合是一个复杂而富有挑战性的过程，需要教育者、学生、行政人员和社会合作伙伴共同参与和努力。通过深入而全面的需求分析、明智而具有战略性的学科选择，以及细致而全面的课程框架构建，不仅能大大提高教学质量和效果，还能为学生提供更为开放、多元和实用的学习环境，从而更好地满足他们的个性化和多元化需要。

（二）运用多样化的教学方法

在体验式心理健康课程中，采用多样化的教学方法不仅能满足不同学生的学习需求和风格，也能极大地丰富课程内容和形式，从而提高教学效果和学生参与度。其中，讲座、实验、团队项目等多种教学形式的综合运用显得尤为重要。讲座作为最基础和传统的教学形式，有其不可替代的价值。不同于普通的信息传递和知识介绍，讲座在体验式心理健康课程中更强调与学生的互动，以及与其他教学方法的有机结合。例如，讲座不仅可以介绍心理健康的基础理论和模型，还可以通过在线讨论和小组反思等方式，引导学生进行深入的思考和应用。同时，讲座也是一个很好的平台，可以邀请不同学科的专家和学者，以跨学科的视角和方法来解读和讨论心理健康的多重意义和价值。实验则是将理论知识转化为实际操作和体验的最直接方式。在体验式心理健康课程中，实验不仅包括基础的心理测试和观察，还涉及更为复杂和综合的社会情境和问题。例如，学生可以通过模拟实验来研究群体行为和决策机制，或者通过实地考察和数据分析来探究心理健康与社会经济状况的相互影响。团队项目是培养学生团队合作和项目管理能力的有效途径。通过设计和执行一系列与心理健康相关的实践项目，学生不仅可以巩固和运用所学的理论知识和技术方法，还可以通过团队合作和交流，提高自己的沟通、协调和解决问题的能力。

（三）线上与线下结合

在当代的教育环境中，数字化工具和平台的应用已经越来越普遍，它们不仅改变了教学的形式和结构，也极大地丰富了教学的内容和手段。在体验式心理健康课程中，线上与线下的有机结合更是具有重要的意义和价值，它能够有效地增强学习体验和互动，从而提高教学质量和效果。

　　在线课程作为教学的一个重要组成部分，具有一定的灵活性和便利性。例如，通过预先录制的视频讲座，学生可以选择恰当的时间和地点进行学习和复习。同时，也可以通过在线讨论等方式，增强与教师和同学的互动和交流。更为重要的是，线上课程也为跨学科整合提供了更多的可能性和空间。通过网络平台，学生不仅可以接触到心理健康领域的专家和学者，还可以与其他学科或领域的研究人员进行对话和合作。

　　模拟软件则可以为学生提供更为真实和直观的学习环境。在心理健康教育中，很多心理现象是难以通过传统的教学方法来直接观察和体验的。而模拟软件可以通过复杂的算法和数据模型，将这些抽象和复杂的心理过程具象化和可视化。例如，通过虚拟现实（VR）技术，学生可以更为直接和深入地了解焦虑、抑郁等心理疾病的内在机制和外在表现，从而提高自己的理解和应用能力。

　　社交媒体则可以作为一种强有力的沟通和传播工具，在课程的推广和实施中发挥重要的作用。通过 Facebook、Twitter、Instagram 等平台，教师不仅可以分享课程的最新进展和成果，还可以与更广泛的社会公众进行互动和对话。这不仅有助于提高课程的知名度和影响力，还能够激发更多人对心理健康的关注和兴趣。

　　综合来看，线上与线下的结合在体验式心理健康课程中具有重要的作用和价值。通过利用数字化工具和平台，如在线课程、模拟软件或社交媒体，不仅能够丰富和拓宽教学内容和形式，还能从多个层面和角度促进学生的全面发展。特别是在今天这个信息爆炸和社会变革的时代，这种多元和综合的教学模式能够更好地满足学生和社会对高质量教育的多样化和个性化需求。因此，它不仅是教育创新和改革的必然选择，也是一种符合教育本质和目标的理想实践。

第四节　利用虚拟现实技术进行体验式心理健康教育

一、利用虚拟现实技术进行体验式心理健康教育的重难点

虚拟现实（VR）技术为体验式心理健康教育带来了创新的可能性，但也伴随着一系列挑战。

（一）成本问题

成本问题无疑是利用虚拟现实技术进行体验式心理健康教育面临的最直接和最明显的挑战。一方面，硬件成本是一个不小的负担。虚拟现实头盔、手柄和其他必需的感应设备通常价格不菲。对于预算有限的教育机构来说，这样的投资可能难以承受。即使是那些财力雄厚的机构，也需要仔细权衡成本与效益，以确保资源的最优配置。另一方面，软件和内容开发也需要大量的资金投入。虽然市面上有一些现成的教育软件，但要实现针对心理健康教育的个性化和深度整合，通常需要定制开发，这无疑会增加成本。内容的质量和适用性直接影响到教育效果，因此不能轻易妥协。而定制化的软件和课程内容需要教育专家、心理学家、软件开发人员等多方专业人士的紧密合作，这进一步推高了成本。维护和更新也需要资金的投入。硬件设备需要定期维护或更换，软件则需要不断更新，以适应新的教育需求和技术标准。这些都需要持续的财力和人力投入。教师和学生的培训也不能忽视。使用虚拟现实设备和软件需要有一定的技能和知识，特别是在涉及敏感和复杂的心理问题时。因此，教师需要接受专业培训，以知晓如何有效地利用这些工具进行教学，同时需要让学生知晓如何安全、有效地使用这些设备。

不仅如此，随着虚拟现实技术的快速发展，今天投入使用的设备和

软件可能很快就会过时。这意味着教育机构需要有预见性地计划未来可能的升级和更替，这同样需要资金投入。

（二）技术难度和可维护性

技术难度和可维护性是一个重要挑战，尤其对于那些没有充足技术资源和专业知识的教育机构而言。构建和运营虚拟现实环境需要高度专业的技术支持，包括软件开发、硬件配置、网络安全和数据管理等方面。软件开发和内容创造是一项高度专业化的工作，需要工作人员具备跨学科的知识和能力。除了需要心理健康教育专家，还需要软件开发人员、UI/UX 设计师、3D 模型制作人员等多方面的专业人才。对于大多数教育机构来说，拥有这样一支全面而高效的团队是相当困难的。此外，软件开发不是一次性的任务，而需要随着技术进步和教育需求的变化不断更新和优化。硬件配置和网络设置也是技术难度较高的环节。虚拟现实设备通常需要高性能的计算机硬件，以保证流畅的运行效果，同时需要稳定和高速的网络环境，以支持数据传输和多用户交互。这不仅需要大量的硬件设备，还需要专业的网络工程师进行配置和维护。数据安全和管理也是一个不容忽视的问题。因为心理健康教育涉及个人隐私和敏感信息，所以需要有严格的数据保护措施。这包括数据加密、访问控制和备份等多个环节，需要专业的数据安全专家进行维护和管理。

更不用说，教育机构还需要应对不断变化的技术环境。技术的更新速度变快。这意味着，教育机构要有能力不断地跟进新技术，这自然也会带来更大的技术维护压力。

因此，对于那些没有足够技术资源的教育机构来说，技术难度和可维护性是一大障碍。解决这一问题需要综合考虑人力、物力和财力等多个方面的资源配置，需要有全面和长远的规划，以及高度专业和多元化的技术支持。这无疑增加了利用虚拟现实技术进行体验式心理健康教育的难度和复杂性，也是该领域需要特别关注和解决的重要问题。

（三）内容质量和有效性

内容质量和有效性无疑是利用虚拟现实技术进行体验式心理健康教育中非常关键的一个问题。这方面的考量不仅仅局限于构建高质量的虚拟环境，而是要确保在这一环境中能使其教学效果提高。对于这一点，需要涉及多个方面的深度思考和精心设计。内容创作团队需要由多学科的专家和专业人士组成，包括心理健康专家、教育学者、游戏设计师、3D动画师和程序开发人员等。这样才能保证虚拟环境不仅在视觉上引人入胜，而且在教学逻辑和用户体验等方面都达到高水平。教学内容需要经过精心设计和严格评审，确保它们符合教育目标，并能在虚拟环境中有效传达。这可能涉及对传统教学材料和方法的重新解构和适应，使它们能在虚拟现实的沉浸式环境中得到更好的应用。对教学效果的评估也需要比传统方式更为严谨和细致。除了常规的测试和问卷调查，还需要借助更高级的数据分析工具和方法，如眼动追踪、心率监测和大数据分析等，来全面评估学生在虚拟环境中的学习状态和成效。

不仅如此，虚拟现实环境本身也是不断演变的。对于初次接触这一技术的学生来说，如何快速适应并投入学习是另一个需要考虑的问题。这意味着，教育者不仅需要关注教学内容的质量和有效性，还需要考虑如何减轻学生的认知负担，提供足够的指导和支持，以帮助他们更好地适应这一全新的学习环境。

综上所述，内容质量和有效性不仅是技术问题，更是一个涉及教学理念、教育目标、学生需求和社会环境等多个方面的综合问题。它需要教育者、开发者和多学科专家的通力合作，需要深入的研究和长期的实践，才能得到有效的解决。而这也正是利用虚拟现实技术进行体验式心理健康教育中一个需要特别关注和重视的重难点。

（四）学生的接受度

学生的接受度问题在将虚拟现实技术用于体验式心理健康教育中占据了重要的地位。尽管虚拟现实技术能够提供高度沉浸式的学习环境，理论上能极大地改善教学和学习体验，但这并不意味着所有学生都能立即或容易地接受它。

就学生而言，不同的学生有不同的学习风格和偏好。有的学生可能更喜欢传统的教室环境和人际互动，而觉得虚拟现实环境过于不同或者令人不适。例如，虚拟现实中的沉浸式体验可能会导致一些人出现晕动症的症状，这无疑会影响他们的学习效果和体验。

虽然现代学生通常比较熟悉电子设备和网络技术，但并不是所有人都有使用虚拟现实设备或软件的经验。这意味着，在引入虚拟现实设备或软件之前，可能需要一段时间的适应和培训。这不仅增加了教学的复杂性，也可能导致一些学生因为难以迅速掌握新技术而感到挫败或失去学习动力。心理舒适度也不能忽视。面对全新的学习方式和环境，学生的心理反应可能会非常复杂。一些学生可能会兴奋和期待，而有的学生会感到焦虑或不安。这些负面情绪如果不能及时调整，可能会对学习效果产生不良影响。文化背景和社会经济状态也可能影响学生的接受度。在某些文化中，传统的教学方式得到广泛推崇。同时，家庭经济条件也可能影响学生接触和使用高端虚拟现实设备，从而间接影响他们对这一技术的接受度。

学生的接受度是一个多维度、多层次的问题，涉及个人、社会、文化和心理多个方面。解决这一问题不仅需要教育者和技术开发者的密切合作，也需要对学生群体进行深入的了解和研究，以便更准确地识别可能的难点和重点，从而制定更有效的应对策略和解决方案。这是利用虚拟现实技术进行体验式心理健康教育中一个需要特别关注和重视的重难点，也是成功实施这一教学模式的关键因素之一。

（五）安全和伦理问题

安全和伦理问题在利用虚拟现实技术进行体验式心理健康教育中是一个不能忽视的重要议题。与传统心理治疗和教育不同，虚拟现实为用户提供了一种高度沉浸式的体验，这种体验可能涉及一系列复杂而敏感的个人和社会层面的问题。因此，确保这一新兴教学方法符合伦理规范是至关重要的。

从数据安全角度考虑，虚拟现实环境通常需要收集和存储大量用户数据，包括行为数据、生理数据，甚至是情感反应数据。这些数据如果没有得到妥善的保护和管理，可能会有被滥用或泄露的风险。因此，如何确保数据的安全性，如何明确数据使用和存储的规范，都是需要解决的重要问题。

从隐私保护角度来看，虚拟现实环境中的心理治疗或教育活动涉及个人隐私，包括个人身份信息、心理状况、健康状况等。如果这些信息未经用户同意就被使用或没有得到妥善的保护，很可能导致伦理和法律问题。

从伦理规范方面来说，虚拟现实环境中的教学内容和方法需要经过仔细的审查和评估。例如，虚拟现实环境中模拟的心理治疗或情境应当避免可能引发心理创伤或情感困扰的内容。这不仅是一个教学效果的问题，更是一个道德和伦理责任的问题。

对于特定的人群，如未成年人或者有特定心理问题的人群，使用虚拟现实技术进行心理健康教育可能需要更为严格的伦理审查和指导原则。这可能涉及获取家长或监护人的同意，或者确保有专业心理健康专家参与课程设计和实施过程。还有一点需要考虑，虚拟现实环境可能会被用于模拟具有社会和文化敏感性的情境或者活动。这在某些情况下可能会引发争议或者导致误解和偏见。因此，教育者和课程设计者需要具有高度的文化敏感性和社会责任感。

（六）教师培训和教学改革

由于虚拟现实技术的引入代表了一种教学模式和方法论的重大变革，因而教师需要经过全面和专业的培训，以掌握这一新兴技术的核心概念、操作方式以及应用策略。

对于大多数教师来说，虚拟现实技术是一种相对陌生和复杂的工具。利用虚拟现实技术进行体验式心理健康教育不仅仅是一个技术操作问题，更是一个教学理念和教学策略更新问题。因此，教师培训不仅要涵盖技术操作和使用方面，还要包括如何将这一技术与教学目标和内容进行有效整合的教学设计培训。

虚拟现实技术具有很高的自由度和可定制性，这意味着教师需要具备一定的创新能力和设计思维。这不仅要求教师能够灵活运用现有的虚拟现实内容和平台，还需要他们能够参与到教学内容的开发和优化中去。这种具有参与性和创新性的培训是提高教学质量和效果的关键。教师培训应当是一个持续和长期的过程，而不是一次性的事件。随着虚拟现实技术的不断进步和更新，教师需要定期接受新的培训，以保证他们的教学能力和技术应用水平能够跟上时代的步伐。

在这个过程中，时间和资源的投入是不可或缺的。这包括但不限于培训课程的开发和组织、教学材料和资源的准备以及教师自我提升和专业发展的时间和机会。这样的投入可能会给教育机构带来一定的经济和人力压力，但从长远来看，这是值得的。因为只有当教师能够熟练和有效地运用虚拟现实技术时，这一技术才能在体验式心理健康教育中发挥其应有的作用。教师培训和教学改革还需要与其他教育改革和发展策略相互配合和支持。这可能涉及课程设计、评估机制、学校政策等多个方面。例如，教育机构可以通过改革评估机制，更加准确和全面地评估虚拟现实教学的效果和影响。同时，通过制定明确的政策，可以进一步推动和激励教师积极参与到这一改革中来。

（七）评估和反馈机制

评估和反馈机制在虚拟现实技术应用于体验式心理健康教育中扮演着至关重要的角色。通过设计和实施一个合理而有效的评估体系，可以更准确地了解和评估教学效果，然而科学合理的评估和反馈机制的构建也具有一定的难度。

相关人员要认识到在虚拟现实环境下进行的教学活动与传统教学活动存在本质的差异。这些差异体现在学生参与度、互动模式、认知负荷等多个维度。因此，传统的教学评估方法（考试测评等）可能不再适用，或者需要进行相应的调整和补充。为了准确地评估虚拟现实环境中的教学效果，需要开发一套专门针对该环境的评估体系。这包括但不限于教学目标的设定、评估指标的选择、数据收集方法的设计，以及评估结果的解释和应用。例如，教师可以通过追踪学生在虚拟现实环境中的行为数据来评估其参与度和学习进度，或者通过设定特定的虚拟任务来测试其技能和知识的掌握程度。同时，评估结果应该是一个动态和持续的过程，而不是一个静态和一次性的输出。这意味着评估并不仅仅是在课程结束后进行的"总结"，而是贯穿整个教学过程的"导航"。通过定期或实时地收集和分析评估数据，教育机构可以更加灵活地调整教学策略和资源配置，以实现更高的教学效果。

二、利用虚拟现实技术进行体验式心理健康教育的具体路径

利用虚拟现实技术进行体验式心理健康教育是一个多步骤、跨学科的复杂项目。要想实现该项目，不仅需要技术和教育领域的深度融合，还需要多方面的资源支持和合作。

（一）通过调查研究来明确教育需求和教学目标

在明确体验式心理健康教育的教学目标和需求时，调查研究起到至

关重要的作用。精细化和量化的需求分析有助于更精确地了解目标群体和其他利益相关方的具体需求和期望，从而为后续的课程设计和实施提供科学依据。

学生需求是该阶段的核心考虑因素。相关人员可以通过调查问卷、面对面采访等多种方式来了解。这些调查的结果可以揭示学生在心理健康方面的具体问题，如情感调控能力不足等。了解这些问题后，课程规划者可以有针对性地设计课程内容，以解决学生最关心的问题。

除了学生需求，社会需求也是需求分析的重要方面。在信息爆炸和快速变化的今天，社会对心理健康的认识和需求也在不断升级。例如，在当前社会中，抑郁症、焦虑症等心理问题越来越普遍，这就需要课程规划者在课程设计时融入这些热点问题，使之不仅能解决学生个体的问题，还能对社会做出贡献。同样地，学校和家庭需求也是需求分析的重要方面。学校通常希望通过心理健康教育提高学生的综合素质，包括学习能力、社会适应性等。因此，课程规划者需要与校方进行深入的沟通，以确保课程目标与学校教育目标的一致性。家庭则主要关心孩子的个人发展，这需要课程规划者在课程设计中注重与家庭教育的融合和互动，如可以设置与家庭沟通和合作的课程环节。

除了上述各方面，其他利益相关方，如行业组织、政府机构、非政府组织等也有其特定的需求和期望。例如，政府可能更注重心理健康教育在提高国民健康、减少医疗负担方面的作用；行业组织可能关心如何通过心理健康教育提高职业素质和生产效率。

总之，通过调查研究明确教育需求和教学目标时，要有开放的视野，以便更全面、更准确地捕捉到各方面的需求和期望。这不仅有助于提高课程的针对性和有效性，还是实现课程社会价值的关键。通过综合考虑学生、社会、学校和家庭等多方面的需求和期望，课程规划者可以设计出既具有学术价值，又具有社会影响力的体验式心理健康教育课程。

（二）进行学科整合和资源配置

在体验式心理健康教育的规划和实施中，学科整合和资源配置是一个至关重要的步骤。

要明确与心理学相关的其他学科，这通常需要基于前一阶段的需求分析。例如，如果需求分析显示社交焦虑和人际关系问题是学生在心理健康方面的主要难题，那么社会学就是一个与心理学高度相关的学科，因为它研究的就是社会结构、社会行为和社会关系等。同样，如果心理问题更多体现在生活习惯和健康状况上，那么医学等也应成为整合的对象。确定了需要整合的学科之后，接下来就是具体的资源配置。这涉及多个层面，首先是人力资源。教育者需要与各相关学科的专家和学者进行深度合作和沟通，他们不仅可以提供专业知识和研究方法，还可能成为后续课程实施中的讲师或顾问。这些合作通常需要一定的时间来建立，也需要具体的合作协议或合同来明确各方的责任和义务。教学资源也是必不可少的，这包括教材、案例库、实验设备等。此外，还需要考虑教学场地方面的问题，如是否需要特殊的实验室或体验空间。对于一些高度专业或难以获取的资源，可能需要通过购买、租赁或与其他机构合作共享等多种方式来获取。

优质的教育资源往往需要相应的经济投入，这可能来自学校或政府投入、社会捐赠或其他渠道。为了确保资金的有效和持续使用，需要有专门的财务人员来规划和管理。

可见，学科整合和资源配置是一个复杂但至关重要的过程，它不仅需要精细的规划和高度的专业性，还需要跨学科、跨领域的合作和沟通。这一环节的成功实施不仅能够极大地提高体验式心理健康教育课程的质量和效果，还可能在更大程度上推动心理健康教育实现社会价值。通过综合利用各种学科知识和社会资源，教师有机会构建一个既科学严谨，又富有实用价值的体验式心理健康教育体系。

（三）进行具体的课程设计和内容开发

在体验式心理健康教育中，具体的课程设计和内容开发是至关重要的环节，因为它们直接影响到课程的质量和教学效果。这个阶段通常会涉及多个复杂的任务，包括课程大纲的制定、教学计划的编排、课堂活动的设计、评估方式的选择，以及虚拟现实环境和实验材料的开发。

课程大纲的制定是一个起点。该大纲不仅需要明确课程的主要内容和教学目标，还需要考虑到与其他学科的整合。例如，如果该课程旨在解决青少年的压力管理问题，那么除了心理学基础知识，还需要加入生物学（压力与生理健康的关系）、社会学（社会压力来源和应对）以及哲学（关于生活意义和自我认知的思考）等学科的内容。

教学计划需要详细地规划每一堂课或每一个模块的教学内容、教学方法等。在这个过程中，体验式教育和虚拟现实技术的应用需要特别注意。例如，某一堂课可能需要学生进入虚拟现实环境来体验社交焦虑情境，并通过角色扮演或模拟对话等方式来学习应对技巧。

为了提高教学效果和学生参与度，通常需要设计一系列与课程内容紧密相关的实践活动。这些活动可以是小组讨论、案例分析、实地调查等，也可以是更为高级的虚拟现实模拟等。

在内容开发方面，虚拟现实环境和实验材料的开发是一个非常关键的任务。这通常需要多学科的专家合作，包括心理学家、教育学家、计算机工程师、3D设计师等。虚拟现实环境需要高度逼真和具有互动性，以便学生有身临其境之感。同时，该环境和材料需要经过严格的科学验证，以确保其教学有效性。

具体的课程设计和内容开发是一个既复杂又精细的工作，它需要教育者具有高度的专业素养和创新能力，需要多学科、多角度的合作和整合。通过精心的课程设计和高质量的内容开发，体验式心理健康教育有可能成为一种更有效、更具吸引力的教学模式，从而在提高学生心理健康水平、促进其全面发展方面发挥更大的作用。

（四）选择合适的教学平台

在体验式心理健康教育中，选择合适的教学平台也是一个至关重要的环节。尤其是当课程计划采用虚拟现实技术时，这一点变得更为关键。选择合适的虚拟现实教学平台和工具时不仅涉及技术选型问题，还涉及与现有的教学管理系统和其他数字化工具的集成问题，因而需要综合多方面的因素进行决策。

虚拟现实教学平台的选型通常需要考虑多个因素，包括平台的稳定性、可扩展性、用户友好性以及成本等。例如，一些高端的虚拟现实教学平台虽然可以提供更为逼真和高度互动的环境，但它们也需要更高的硬件配置和成本。因此，教育机构需要根据自己的需求和预算进行权衡。与现有的教学管理系统和其他数字化工具的集成是另一个需要关注的问题。在这方面，需要进行一系列的技术适配和自定义开发工作。例如，虚拟现实教学平台需要与学校的学生信息管理系统（SIS）进行数据交换，以便教师对学生的表现进行跟踪和评估。此外，还需要与在线课程平台、实验室管理软件等进行接口对接，以实现教学资源的共享和优化。除了技术问题外，选择虚拟现实教学平台和工具时还涉及一系列教学设计和内容开发问题。例如，平台需要提供哪些功能和资源以支持课程的教学目标和活动？这些功能如何设计才能满足不同学科和教学方法的需求？如何确保虚拟现实环境和实验材料的教学有效性和科学性？这些问题通常需要教育专家、心理学家、计算机工程师以及其他相关领域的专家进行多角度、多学科的合作和研究。虚拟现实教学平台的后期维护和更新也是一个不容忽视的问题。这不仅包括硬件和软件的常规维护，还包括对教学内容和资源的持续更新和优化。因此，教育机构需要考虑如何构建一个长期、可持续的技术支持和更新机制。

（五）对教师进行全面和深度的培训

对教师进行全面和深度的培训是确保体验式心理健康教育成功实施的关键因素之一。虚拟现实技术在教学上具有巨大的潜力，但这种潜力只有在教师熟练、恰当地运用它时才能被充分释放。因此，教师培训不仅仅是一个技术培训问题，也是一个涉及教学方法、教育心理学、课程设计和评估等多个方面的综合性问题。在教师培训方面教师要做到以下四点。

首先，教师需要了解虚拟现实技术本身的基础知识和操作技能。这包括如何构建和管理虚拟现实环境，如何与学生进行互动，以及如何解决常见的技术问题等。这些基础技能是确保教学活动能够顺利进行的前提。

其次，教师需要对体验式教学法和心理健康教育有深入的了解和认识。这意味着他们需要熟悉如何设计和组织各种体验式学习活动，如何引导学生进行反思和讨论，以及如何进行有效的教学评估等。此外，对心理健康教育专业知识的了解也是必不可少的，包括但不限于心理健康课程的基础理论、常见心理问题的识别和干预方法等。

再次，教师需要具备一定的跨学科整合能力。由于体验式心理健康教育通常涉及多个学科和领域，因而教师需要灵活地运用不同学科的知识来完成教学活动。这可能涉及与其他学科的教师和专家进行合作，或者运用多媒体和网络资源来增加教学的多样性和趣味性。

最后，教师需要具备良好的沟通和组织协调能力。这不仅包括与学生的沟通，也包括与教育机构、家长、社会组织以及其他教育利益相关者的沟通。这是因为体验式心理健康教育通常需要多方面的支持和参与，只有通过有效的沟通和协调，才能确保教学活动的质量和效果。

此外，培训也需要有针对性地考虑教师的专业发展需求。除了提供系统性的培训内容和资源，还需要提供一系列的实践机会，如教学观摩、案例分析、教学反思等，以支持教师在实际教学中不断地学习和成长。

综上所述，对教师进行全面和深度的培训是一个复杂但至关重要的任务。它涉及多个层面，需要多学科、多角度的合作和研究。只有这样，教师才能真正地知晓如何有效地运用虚拟现实技术进行体验式心理健康教育，从而为提升学生的心理健康水平、促进学生全面发展做出更大的贡献。

（六）全面实施和持续优化

全面实施和持续优化是确保体验式心理健康教育有效性的核心环节。在课程设计和教师培训等前期工作完成后，将进入实际的教学阶段。这一阶段需要特别强调持续性和反馈性，通过系统的数据收集和分析来不断提升教学质量。全面实施意味着不仅仅是在一两个教学点上运用虚拟现实技术，而是要在整个心理健康教育体系中贯穿应用。这需要教育管理者和教师对课程表进行精心安排，确保教学资源（硬件、软件和教学空间）都能得到有效利用。此外，全面实施还包括与其他教育活动或课程进行整合，如在社会学、生物学等课程中也能适当引入与心理健康相关的内容。持续优化则是一个动态的、长期的过程。这一过程需要建立在数据驱动的基础上，对学生参与度、学习成效、心理健康状况等多个维度的数据进行持续收集和分析。这些数据不仅可以是量化的，如考试成绩、问卷调查结果等，也可以是定性的，如学生和教师的反馈、课堂观察记录等。数据分析的结果应用于课程内容、教学方法和评估机制等方面的持续优化。例如，如果数据显示某一模块或活动的教学效果不佳，就需要对其进行重新设计或调整。相反，如果某一模块或活动显示出良好的教学效果，可以考虑将其扩展应用到其他课程或教学点中。持续优化还需要与教师培训和专业发展紧密结合。相关人员可根据教师的具体情况来选择培训内容。

除了包括内部的教学反馈和数据分析，持续优化还应该包括与外部的教育研究机构和专家进行合作交流。这可以通过多种形式来实现，如参与教育研究项目、发布教学案例和研究报告、参加专业研讨会和学术会议等。这不仅可以为教育机构和教师提供更为广泛和深入的专业支持，也有助于提升体验式心理健康教育的社会影响力和认可度。

第五节　利用社交媒体进行体验式心理健康教育

一、利用社交媒体进行体验式心理健康教育的优势和挑战

通过社交媒体进行在线互动作为现代教育手段的一个重要组成部分，对于体验式心理健康教育具有显著的促进作用。其影响了信息传播、学生参与度、课堂互动，以及社群建设等多个方面。

首先，社交媒体作为一种高效的信息传播渠道，可以大幅度提升体验式心理健康教育的可达性和影响力。通过社交媒体平台，教育者可以发布课程信息、教学视频、互动题目以及相关的心理健康知识和资料。这不仅能够拓宽教学内容，还能在一定程度上解决传统课堂教学中对时间和空间的限制，使得更多人能够接触到高质量的教育资源。

其次，社交媒体具有高度的互动性和参与性，能有效激发学生的学习兴趣和动机。通过各种在线互动方式，如点赞、评论、分享以及小组讨论等，学生可以更为主动地参与到课程的学习中。这种互动性不仅可以加深学生对心理健康知识和技能的掌握，也有助于培养其批判性思维和团队合作能力。

再次，社交媒体也是一种有效的延伸课堂教学的手段。通过社交媒体，教育者可以在课外对学生进行更为细致的指导和反馈。例如，教育者可以通过发布课后作业和测验，或者组织在线研讨和咨询，来强化学

生对课堂内容的理解和应用。这样不仅可以提高教学效果，还能使教育更为个性化。

最后，社交媒体也可以作为一个多方共建的平台。通过这一平台，各方可以共同参与到体验式心理健康教育的设计、实施和评估中，形成一个更为全面和多元的教育生态系统。例如，教育机构可以与心理健康专家和咨询机构进行合作，共同开发和推广更为专业和实用的教育内容和方法。

此外，在利用社交媒体进行体验式心理健康教育方面也存在一定的挑战和问题，如信息安全、隐私保护以及网络健康等。因此，在使用社交媒体进行教育活动时，还需要严格遵守相关的法律规定和伦理原则。

综上所述，社交媒体在体验式心理健康教育中发挥着重要作用。其不仅能够提高教育的可达性和效果，还能提高学生的学习兴趣和参与度，更为多方共建和合作提供了一个广阔的平台。通过合理和有效的应用，社交媒体有望成为体验式心理健康教育中不可或缺的一个组成部分。

二、利用社交媒体进行体验式心理健康教育的具体路径

在现代社会，社交媒体已成为人们获取信息和互动的重要平台。通过社交媒体进行体验式心理健康教育，可以促使体验式心理健康教育进一步深化。

（一）进行全面的文献审查

在体验式心理健康教育中，全面的文献审查和前期预研工作显得至关重要。完成这一步，有助于人们了解社交媒体在教育领域，特别是体验式心理健康教育领域的现有应用和研究动态。考虑到社交媒体平台的多样性，理解各种平台如何与体验式教学相互作用是至关重要的。

文献审查首先应聚焦于已有的研究和案例分析，包括哪些类型的社

交媒体工具被用于心理健康教育，以及这些工具的具体应用和效果。这些信息有助于人们识别潜在的最佳实践和可能的失败点。这一步骤也应该涵盖对目标人群的研究，以便了解他们的社交媒体使用习惯、信息获取途径以及对在线心理健康资源的需求和态度。前期预研还应该考虑在社交媒体环境中可能面临的问题，如信息过载问题、网络安全和隐私问题等。这对于后续的课程规划和实施阶段具有指导意义。同时，关注其他学科或领域（传媒学、社会学、信息科学等）对社交媒体教育应用的研究，会为心理健康教育提供更多维度的洞见。了解了以上各方面的信息后，就可以更为明确地界定课程的可行性和目标范围，同时可以为教师提供一份详尽的背景资料，以备后续的实施和优化。而这一切都依赖于全面而深入的文献审查和前期预研。

通过这样的全面审查和预研，教师不仅可以更准确地了解体验式心理健康教育在社交媒体环境下的具体应用和局限，而且为进一步的研究和实践提供了扎实的基础。这将大大增加课程顺利开展的可能性，也为后续的教育模型构建提供了有价值的参考。这一阶段的完成不仅是课程顺利开展的前提，更是持续优化和长期可持续发展的基石。

（二）多元内容创作与发布

在文献审查和前期预研的基础上，心理健康教师应更有针对性地进行多元内容的创作与发布。这一环节是利用社交媒体进行体验式心理健康教育的核心，以及实现其长期可持续发展的关键。内容创作过程通常涉及对教学目标、受众需求以及社交媒体平台特性的综合考虑。例如，如果目标人群主要是大学生，那么内容就应聚焦于应对考试压力、进行人际关系建设以及职业规划等方面。同时，不同的社交媒体平台也有其特定的用户群，这一点在内容格式和风格上要有所体现。在线研讨会可以作为教育内容的一部分。通过直播，专家和学者可以与网友实时互动，解答他们在心理健康方面的疑问。这种形式不仅能够吸引更多的参与者，而且能为他们提供一个互动和学习的平台。实用的心理健康建议是另一种重要的内容形式。这些建议可以通过文章、短视频等多种形式发布。此过程的重点是要确保这些建议具有实用性和可操作性，而且要尽量用易于理解的语言表达，这样才能确保受众能够真正从中受益。与心理健康相关的新闻解读也是一种有效的内容形式。通过分析和解读与心理健康有关的时事新闻或研究进展，可以帮助人们更全面地了解这一领域的最新动态，同时能提高他们的心理健康意识。发布内容之后，也要对其效果进行持续跟踪和分析，分析内容包括用户参与度、内容覆盖范围以及受众反馈等。这些数据能用于评估内容的短期效果，更是未来内容规划和优化的重要依据。

（三）构建更多社交账户，用以进行体验式心理健康教育的宣传工作

构建更多社交账户，用以进行体验式心理健康教育的宣传工作是一项具有战略意义的任务，它涉及多个层面的细致规划和执行。首先，增加社交账户的数量和种类能够提高宣传工作的覆盖面和影响力。不同的社交媒体平台有各自不同的受众，因此，多账户策略能更全面地满足不同人群的需求和期待。当然，增加账户数量不仅仅是为了"占地盘"，而是要通过精细化的管理和运营来吸引和维持用户的关注和参与。这意味着每一个社交账户都需要有明确的目标和职责。例如，某个账户主要负责发布实用的心理健康建议，而另一个账户更侧重于与用户进行实时互动。与此同时，更多的社交账户也意味着要应对更大的运营压力和挑战。每个账户都需要持续地发布高质量的内容，并且要与用户进行有效的互动。这就需要一个专业而高效的团队来进行日常的管理和维护，包括内容创作、用户关系管理以及数据分析等。数据分析在这里尤为关键。通过对每个账户的用户行为、参与度以及内容效果等进行持续监测和分析，运营团队可以更准确地了解各个账户的优缺点，从而进行有针

对性的优化和调整。例如，如果某个账户的用户参与度相对较低，就需要重新考虑其内容策略或者互动方式。除了内部运营，外部合作也是一个重要的方面。多个社交账户提供了更多的机会和平台，以与其他相关组织或个人进行合作。这不仅能够提高宣传工作的知名度和影响力，而且有助于资源的共享和利用。例如，与学术机构或专业心理咨询机构的合作，可能会带来更多的专业知识和研究支持。

值得一提的是，随着账户数量的增加，如何确保各个账户间的一致性和协同也成为一个需要重点考虑的问题。这不仅涉及品牌形象和信息传播的一致性，而且关系到各个账户间的资源配置和任务分配。

综上所述，构建更多社交账户，用以进行体验式心理健康教育的宣传工作是一个复杂但非常必要的过程。通过细致的规划、专业的执行以及持续的优化，这一策略能极大地推动体验式心理健康教育的发展。

第六节　利用体验式工作坊创新心理健康教育

一、体验式工作坊概述

体验式工作坊是一种将知识与实践相结合的教学或培训模式，其核心特点是通过互动、实践和体验来深化学习者对某一主题或技能的理解和掌握。与传统的课堂教学不同，体验式工作坊更加强调"做中学"和"学中做"，并且大多数情况下会以小组形式进行，以促进参与者之间的互动和交流。

在体验式工作坊中，教练或导师通常会设计一系列操作活动或模拟情境，让学习者有机会亲身参与和体验。这种"动手做"的方式能够极大地提高学习效果，因为它不仅能够让参与者直观地看到理论知识在实践中的应用，而且能通过实际操作来加深参与者对知识或技能的认识和记忆。

但仅有实践还不够，有效的反思和总结也是体验式工作坊不可或缺的环节。通常，在每一轮操作或模拟之后，都会有一个反思和讨论的环节，以帮助参与者总结经验、识别问题，并进一步深化对所学内容的理解。另外，体验式工作坊通常会涉及多方面的资源和工具，包括但不限于视频、PPT、手工材料、电子设备等。对这些工具和资源的合理运用，能够丰富教学内容，增加学习的趣味性，从而进一步提高学习效果。

从时间和空间上看，体验式工作坊有很大的灵活性。它可以是短时间内集中进行的，也可以是长期、分阶段进行的；可以在实体空间（教室、实验室、户外等）进行，也可以通过在线平台进行。

需要注意的是，尽管体验式工作坊有很多优点，但它也不是万能的。首先，由于其强调个体的参与和体验，因此对导师或教练的要求相对较高，需要他们不仅有扎实的专业知识，还有高超的人际交往和组织协调能力。其次，有效的体验式工作坊需要精心的设计和准备，包括但不限于课程内容、活动形式、参与人数等，这无疑增加了其组织和实施的复杂性和难度。然而，无论如何，体验式工作坊由于其独特的教学模式和良好的学习效果，逐渐受到各个领域和年龄层人的欢迎和青睐。特别是在当今这个信息爆炸、知识更新速度极快的时代，人们越来越意识到传统的"填鸭式"教学方式已经难以满足现实需求，而体验式工作坊恰恰提供了一种能够让人们在短时间内快速而有效地学习和成长的途径。总体来说，它是一种非常值得推广和应用的教学或培训模式。

二、通过体验式工作坊实现体验式心理健康教育的创新发展

体验式工作坊为体验式心理健康教育开辟了新的路径，打破了传统讲座或者课堂教学的局限，将理论与实践、知识与体验有机地结合在一起。特别是在心理健康教育领域，由于很多知识和技能往往需要在具体的情境和实践中去体验和应用，因此体验式工作坊显得尤为重要和有效。

　　体验式工作坊能够使参与者更深入地了解自己。通过各种互动和体验活动，如角色扮演、情景模拟、小组讨论等，参与者不仅能够从他人那里获得反馈，更能够通过反思和总结，对自己的心理状态、情绪反应、行为模式等有更清晰和准确的认识。而且，体验式工作坊也是一种非常有效的情感宣泄和疏导方式。在工作坊中，参与者通常会被鼓励去表达和分享自己的感受和经历，这不仅能够帮助他们释放压力和情感，而且能够通过与他人的互动和交流，获得情感支持和认同。此外，体验式工作坊还能够提供安全、开放、包容的学习环境，使得参与者更愿意去尝试、去冒险、去挑战，从而有助于他们突破心理障碍，实现个人成长和自我超越。

　　从教学设计来看，体验式工作坊通常会包括多种教学方法，如演示、案例分析、小组讨论、角色扮演、情景模拟等，采用这些教学方式进行教学，不仅能够丰富教学内容，提高教学效果，而且能够满足不同参与者的学习需求和兴趣。不过，需要注意的是，要想充分发挥体验式工作坊在心理健康教育中的优势，还需要做好几方面的工作。首先，工作坊的设计和组织需要非常专业和细致，以确保其内容的科学性、实用性和针对性。导师或教练的角色非常关键，他们不仅需要具备丰富的专业知识和实践经验，而且需要具备良好的人际交往和沟通能力，以便能够有效地激发参与者的学习兴趣和积极性。其次，有效的评估和反馈机制也是成功的关键。通过对工作坊的实施效果进行定期和系统的评估，不仅能够为以后设计的工作坊提供宝贵的经验，而且能够不断优化和完善工作坊的内容和形式。

第七章 ◄

体验式教学在大学生心理
健康教育中的应用保障体系建设

第一节 大学生心理健康教育体验仓的建设

一、大学生心理健康教育体验仓的建设意义

在当今社会，大学生面临着前所未有的压力，如学业、就业压力。这些压力往往会导致心理问题，甚至可能演变为更严重的精神障碍。然而，传统的心理健康教育方式，如举办讲座、个别咨询等，往往难以达到预期的教育效果。这是因为这些方法缺乏足够的互动性和体验性，使得学生很难将所学内容应用到实际生活中。因此，有必要探索一种更为有效和吸引人的心理健康教育方式。基于这样的背景和需求，大学生心理健康教育体验仓应运而生。体验仓作为一种新型的心理健康教育平台，具有重要意义。

（一）有利于增加学生的参与度和兴趣

传统的心理健康教育多采用课堂授课、专题讲座的形式，尽管内容丰富，却往往缺乏与学生互动的机会。而在大学生群体中，由于各种因素，如学业压力、恋爱关系、未来职业规划等，心理问题越来越受到关注。因此，有必要寻找更为有效和吸引人的教育方式来解决这一问题，而体验仓正是其中一个创新解决方案。

体验仓主打的就是"体验式学习"，这意味着它不仅仅是一个信息传递的平台，更是一个能让学生亲身参与、动手操作并从中获得深刻认识和理解的实践场所。该模式通过模拟真实的场景和情境，如模拟职场

环境、人际交往场合等，创建了既安全又可控的环境。这样，学生就能在没有真实世界风险的情况下进行自我探索和实践。

考虑到大学生心理发展的特点，体验式学习尤为重要。这个年龄段的人正处于自我认知、价值观建立和社会角色适应的关键阶段，对外部刺激和体验非常敏感。通过体验仓，他们不仅能学到理论知识，更重要的是，能亲身感受和实践，如通过角色扮演来模拟工作面试，或者通过虚拟现实技术来体验应对社交恐惧等具体情境。

体验仓内的各种活动和模块设计都充分考虑了学生的兴趣和参与度。以游戏化元素为例，通过引入任务、挑战、积分和奖励来大大提高学生的参与积极性。同时，为了确保教育内容贴近实际，具有可操作性，体验仓还会邀请心理咨询师、职业规划师等专业人士参与设计和指导，使得所提供的教育服务更为全面和专业。除此之外，体验仓也借助了先进的科技手段，如虚拟现实、人工智能等，来丰富教育手段和提高效率。例如，可以通过人工智能算法来分析学生的行为和反应，进一步个性化地调整教育内容和方法。

体验仓通过其独特的体验式学习模式，不仅能够有效地吸引大学生参与心理健康教育，还能在很大程度上提高他们的学习兴趣和实践能力。这样不仅有助于解决当前高校心理健康教育面临的种种挑战，也为推动整个心理健康教育领域的创新和发展提供了有力的支持。

（二）有利于帮助大学生树立积极心态

体验仓由于其多功能和模块化的设计，能够为不同的大学生提供定制化的心理健康教育和服务，进而促进他们积极心态的形成和强化。

体验仓是专为模拟各种生活和工作场景而设计的，这可以帮助学生更直观、更真实地理解和应对他们可能面临的各种问题和挑战。例如，通过模拟就业面试的场景，学生可以在安全、无压力的环境中练习他们的面试技巧，提前体验和解决可能出现的问题和困难。这不仅可以提高他们的自信心和应变能力，还可以减少他们对未知和不确定因素的恐惧和焦虑。

体验仓也可以为有特定心理问题或需求的学生提供更有针对性的教育和服务。例如，通过角色扮演和社交技巧训练，可以帮助有社交恐惧或人际关系问题的学生更好地理解和改善他们的行为和情感。这不仅可以提高他们的人际交往能力和心理适应水平，还可以促进他们对自己和他人有更全面和深刻的认识。

体验仓的模块化设计也意味着它可以灵活地应对和满足不同学生的需要和期望。其不仅可以根据学生的性别、年龄、文化背景等因素来调整和优化教育内容和方法，还可以根据他们的反馈和评价来不断更新和改进。这不仅可以提高教育的针对性和有效性，还可以增加学生的学习兴趣和动力。

更重要的是，体验仓也提供了一个集体学习和互动的平台，这不仅可以增加学生之间的交流和合作，还可以提高他们的团队合作能力。通过团队合作，他们不仅可以学习和练习更多的社交技巧，还可以获得成就感。这不仅可以提高他们的自尊和自信心，还可以激发他们的积极性和主动性。

（三）有利于节约成本

在心理健康教育中，传统的教育方式，如一对一的心理咨询，常常会利用大量的人力、物力和财力资源。特别是对于高校而言，随着学生人数的增加和心理问题的复杂，这些传统方式逐渐显得力不从心，成本也逐年增加。与之不同，体验仓作为一个综合性的心理健康教育平台，具有明显的成本优势。

首先，体验仓是一个模块化和可扩展的系统，具备极高的灵活性。这意味着教育机构可以根据自身需求，逐步增加或减少模块，从而实现最佳的成本效益。例如，初期可以仅投资一些基础模块，如心理自我评估和基础心理教育，随后根据实际需求和效果，逐步增加更为复杂和高级的模块，如虚拟现实心理治疗或人工智能辅助诊断等。

其次，体验仓可以集成多种教育资源和手段，从而实现资源的最大化利用。这不仅包括专业心理咨询师和高质量教学材料，还包括各种先进的技术手段，如虚拟现实、人工智能、生物反馈等。通过这种一体化的设计，不仅可以提高教育质量和效率，还能避免重复投资和浪费。这一点尤为重要，因为在传统心理健康教育中，资源通常是孤立和分散的，这导致整体成本增加。例如，心理咨询师、教学材料和教学场地往往需要分别管理和维护，这不仅增加了组织和协调的难度，还可能导致资源的低效利用。而体验仓通过其集成和模块化的设计，可以有效地解决这一问题。

再次，体验仓还具有很高的可复制性和可移植性。这意味着一旦一个体验仓系统建立并运行成功，就可以快速地复制到其他教育机构或地区，从而进一步节约成本和提高效率。

最后，体验仓还可能带来更为深远的社会和经济效益。通过有效的心理健康教育，可以改善学生的心理状态，从而提高其学习效率，减少因心理问题导致的各种损失。

总体而言，体验仓通过其集成、模块化和可扩展的设计，不仅可以大大提高心理健康教育的质量和效率，还具有明显的成本优势。这不仅有助于解决当前高校心理健康教育面临的各种挑战，也为整个心理健康教育领域带来了一次创新和突破。

（四）有利于进一步推动心理健康教育的创新发展

体验仓在大学生心理健康教育中的应用具有突破性意义，这不仅有助于提高教育效果，还对整个心理健康教育领域创新发展有推动作用。体验仓作为一个集成、模块化的系统，不仅包括传统的心理咨询和教育内容，还融合了诸如虚拟现实、人工智能和生物反馈等先进技术。这些特点使得体验仓具有极高的社会价值和示范作用。

在教育模式上，体验仓提供了一种全新的教学方式——体验式学习。这种方式强调实践操作和体验过程，而非单纯的理论传授，从而能够更加直接和有效地解决学生的实际问题。例如，对于面临社交恐惧或人际关系困扰的学生，通过角色扮演和模拟社交场景，可以让他们在安全、无压力的环境中自我探索和实践，从而更好地理解和掌握相关的社交技巧。这种教育模式不仅能够提高学生的参与度和兴趣，还能有效地提升教育的实用性和针对性。

在教育内容上，体验仓具有极高的灵活性和可定制性。通过模块化设计，教育机构可以根据学生的具体需求和特点，提供更为个性化和精准的教育服务。例如，对于处于不同心理发展阶段或面临不同心理问题的学生，可以提供不同的教育模块和内容，从而取得良好的教育效果。

在教育效果上，体验仓通过集成多种先进技术，可以更为准确和全面地评估学生的心理状态和教育效果。这不仅包括传统的心理测试和问卷调查，还包括更为先进和科学的评估方法，如生物反馈和人工智能分析等。这些评估结果不仅有助于教育者为学生提供更为精准的心理健康建议，还能为教育机构提供一定的数据支持，从而不断优化和改进教育内容和方法。

体验仓还具有很强的推广和扩展性。通过大规模的应用，不仅可以大幅提升大学生群体的整体心理健康水平，还能为社会提供宝贵的实践经验。这些经验不仅对当前高校心理健康教育具有重要的指导意义，还可能进一步推动整个心理健康教育领域的创新和发展。例如，通过体验仓的成功案例，其他教育机构和社会组织可能会受到启发，从而更加积极地探索和应用新的教育模式和技术，促进心理健康教育的全面和深入发展。

体验仓通过其先进的教育模式、灵活的教育内容和准确的教育评估，不仅可以有效地解决大学生面临的各种心理问题，还具有很高的社会价值和示范作用。这些特点使得体验仓成为心理健康教育创新发展的一个重要推动力量，有望为未来的心理健康教育带来更为广泛和深远的影响。

二、大学生心理健康教育体验仓建设的关键要素

大学生心理健康教育体验仓的成功依赖于多个关键要素的综合和协调发展，其关键要素主要包括先进的教育和信息技术、全面和深入的教师培训、充足的资金和资源支持、精准和全面的数据分析，以及广泛的社会参与和支持。只有合理使用这些要素，才能实现体验仓的长期成功和持续发展。

（一）技术要素

在大学生心理健康教育体验仓的建设过程中，技术要素无疑是其关键要素之一。当代的教育已经不再采用单一、线性和信息传递的模式，而是变得更为互动、多维和具有体验性。在这种转变背后，技术扮演着至关重要的角色。尤其在心理健康教育这一特殊领域，如何运用先进的技术来构建更为高效和有效的教育环境，是一个值得深入探究的问题。

虚拟现实（VR）技术在体验仓的应用具有里程碑意义。与传统的文字或影像材料相比，VR能提供更为真实和生动的学习体验，从而大大提高学生的参与度和兴趣。例如，在模拟社交场合或职业面试的过程中，学生不再是被动地接收信息，而是需要在较为逼真的环境中进行实际操作和互动。这样不仅能够更好地吸引学生的注意力，还能在实际操作中提高他们的社交技巧和情绪管理能力。

人工智能（AI）也是一个重要的技术支持。通过对学生数据的收集和分析，AI不仅可以进行精准和全面的学生评估，还能根据每个学生的具体需求和情况，提供更为个性化和高效的教育内容和服务。例如，对于那些在社交交往中感到困扰或不自在的学生，AI可以根据他们的

具体表现和反应，自动调整教育内容和难度，以实现更为有效的教育干预。

生物反馈技术的引入增加了教育评估的深度。通过对学生的心率、皮肤电阻、面部表情等生物信息的实时监控，教育者不仅可以更准确地了解学生的心理和情感状态，还能及时发现潜在的问题，从而进行更为精准和高效的教育干预。例如，当学生在模拟社交场合中表现出明显的紧张或不适时，教育者就应该立即调整教育内容或方法，以帮助他们更好地应对和解决这些问题。

除了以上提到的几种主要技术，体验仓的建设和运营还需要多种其他的技术支持，如高速网络、大数据存储和分析、高清音视频传输等。这些看似次要，实则至关重要的技术元素，共同构成了高效、稳定和安全的教育环境，从而确保体验仓能够长期、稳定和高效运作。

技术要素在大学生心理健康教育体验仓的建设和运营中起到了至关重要的作用。通过整合多种先进的教育和信息技术，如虚拟现实、人工智能、生物反馈等，体验仓不仅能够提供更为真实和生动的教育体验，还能进行精准和全面的学生评估。只有充分认识到这一点，并在实际操作中给予足够的重视和投入，才能确保体验仓能够发挥其应有的教育作用和社会价值。

（二）师资要素

在大学生心理健康教育体验仓的构建和运营中，师资要素也是不可忽视的一个要素。因为技术只是教育手段，而教师始终是教育的灵魂。尤其在解决复杂的心理问题和满足情感需求时，教师的专业能力和教育智慧显得尤为重要。因此，在设计和应用体验仓的过程中，相关人员要给予教师培训充分的重视，以确保教师能够高效、安全和有针对性地运用这一先进的教育工具。

技术培训是基础且至关重要的一环。因为体验仓涉及多种高度专业化和先进的教育技术，如虚拟现实、人工智能、生物反馈等，教师必须能够熟练掌握这些技术的基础操作和应用方法。这不仅包括硬件设备的安装和调试，也包括软件平台的运行和管理。例如，教师应该了解如何使用虚拟现实头盔进行模拟教学，如何设置和解析生物反馈数据，以及如何通过人工智能系统进行学生评估和个性化教育等。

教师也需要接受有关心理健康知识和教育理念的深入培训。体验仓虽然提供了高度先进和个性化的教育环境，但最终的教育效果还是取决于教师的专业素养和教育能力。教师需要了解当代大学生面临的主要心理问题和挑战，如焦虑、抑郁、人际关系困扰等，以及如何通过科学有效的教育方法和手段来进行干预和提供帮助。教师应该具备一定的跨学科和创新思维能力。因为体验仓本质上是一个多元化和模块化的教育平台，不仅涉及心理学、教育学、信息科学等多个学科领域，还需要不断地进行创新和优化，以适应不断变化的教育需求和社会环境。教师应该能够灵活运用各种教育理论和实践经验，以及与其他专业领域的专家和教育者进行有效的沟通和合作。教师应该具有职业责任心，具有道德规范。因为任何不当或不负责任的行为都可能造成严重的后果和影响。教师需要确保所有的教育活动都是在充分的专业准备和伦理考量的基础上进行的，以保证学生的安全和教育质量。

师资要素在大学生心理健康教育体验仓的成功运营中占据着举足轻重的地位。只有通过全面和深入的教师培训，才能确保教师能够熟练和有效地运用体验仓的各项功能和资源，以取得良好的教育效果。这不仅是一个技术问题，也是一个涉及教育质量、学生福祉和社会责任的复杂问题，需要人们共同努力和探索。

（三）资金要素

在体验仓的成功构建和运营中，资金和资源配置是一个非常关键的要素。毕竟，无论是硬件设备的购置和维护、软件的开发和许可，还是教材的制作和教师的培训，都需要大量的资金和资源支持。

硬件设备通常是初期投资中最大的一笔开支。这包括虚拟现实头盔、高性能计算机、生物反馈设备等，这些都是体验仓模拟真实场景和情境，以及进行精准学生评估所必需的。另外，为了保证硬件设备的长期有效运用，也需要支付维护和更新资金。软件开发和许可也是一个不能忽视的开支项。虽然市面上已经有一些成熟的教育软件和平台，但其有时也需要进行二次开发或个性化定制，以适应特定的教育需求和目标。这不仅需要资金投入，也需要具备一定的技术开发能力和专业知识。教材的制作和教师的培训也是不小的开支。制作高质量、符合教育目标的教材通常需要投入大量的人力和物力，尤其是在涉及多媒体内容时。教师的培训则需要在专业的培训机构进行，这通常也是一笔不小的费用。除了直接的硬件和软件开支，还有一系列运营成本需要考虑，如电费、网络费、场地租赁费等。这些看似细小的开支，在长期运营中也可能积累成一笔不小的金额。因此，教育机构需要有明确和可行的资金筹措方案。资金筹措方式有很多种，如政府的教育资助、企业的社会责任投资、社会组织的捐赠和赞助等。同时，也可以考虑通过商业运营，如提供付费课程或服务，或者与其他教育机构或企业进行合作，来实现资金的自我循环。

资金和资源配置是体验仓能够成功运营和持续发展的基础。只有确保有稳定和充足的资金支持，才能使体验仓在提供高质量教育服务的同时，还能不断进行创新和优化。这需要教育机构进行全面而细致的规划，以及与各方进行广泛而深入的合作。通过多元化和长期化的资金筹措和资源配置，体验仓才能真正发挥其在大学生心理健康教育中的独特价值和作用，从而更好地服务于学生和社会。

（四）数据要素

数据要素在体验仓的运行和优化中起着至关重要的作用。它不仅提供了一种机制，用以测量和评估各种教育活动和方法的有效性，还为持续改进和个性化教育提供了依据。这是一个持续的、循环的过程，涉及数据的收集、分析、解释和应用，以及基于这些数据进行的教育内容和方法的调整。数据的收集是基础。需要收集的数据有学生参与度、反馈、成绩、情绪状态。这些数据可能来自体验仓内部的各种传感器和测量设备，也可能来自学生或教师的自我报告和评价。在收集数据时，需要一个精心设计的数据收集框架和一套可靠的数据收集工具。然后是数据的储存和管理。由于教育数据通常涉及个人隐私和敏感信息，因此需要特别注意数据安全和合规性。这意味着需要有严格的数据访问控制和加密机制，以及定期的数据安全审计和评估。紧接着是数据的分析和解释。这是一个复杂但至关重要的步骤，通常涉及多种统计方法和机器学习算法。通过对数据的深入分析，教育机构可以发现各种模式和趋势，如哪些教育内容或方法更有效，哪些学生需要更多的关注和支持，以及是否有系统性的问题或偏见需要解决。基于数据分析的结果，教育机构可以进行有针对性的调整和优化。这可能涉及教材的更新、教学方法的改进、教师培训的加强等多个方面。这也是一个持续的过程，需要定期进行数据收集和分析，以监控优化效果并做出进一步的调整。

（五）社会要素

社会要素涉及对体验仓自身的广泛支持和参与，还关系到其在社会大环境中如何被接受和利用。社会的多方参与和支持可以为体验仓带来多样化的资源，同时能加强其社会影响力和可持续性。社交媒体推广作为现代社会中不可或缺的一部分，具有巨大的潜力和影响力。通过精心设计和发布的社交媒体内容，体验仓不仅能够吸引更多学生和家长的注意力，还能引发社会各界对于心理健康教育的讨论和关注。这种广泛的社会参与和支持，可以大大提升体验仓的公众形象和知名度，从而获得更多的资金和资源支持。公众讲座和社区服务也是社会参与的重要渠道。通过组织和参与这些活动，体验仓不仅可以向公众普及心理健康知识，还可以了解社会和学生的实际需求和问题，从而进行更有针对性的教育内容和方法的设计和调整。这种直接和社会互动的方式，可以让体验仓更好地服务于社会和学生，同时能提升其社会影响力和认可度。社会要素还涉及与政府、企业、社会组织等多方的合作和互动。通过这些合作，体验仓不仅可以获得更多的资金和资源支持，还可以借鉴和引入更多先进的教育内容和方法。例如，与企业的合作可以带来更多的职业规划和实践机会，与社会组织的合作可以带来更多的社区服务机会，与政府的合作则可以带来更多的政策支持。

三、大学生心理健康教育体验仓建设的注意事项

在构建和运行大学生心理健康教育体验仓时，有多个方面需要特别注意。这些注意事项涵盖了体验仓的设计、应用和运营等各个阶段，以确保其能够有效地实现教育目标。

（一）确保学生参与体验仓的设计和运营

在教育领域内，特别是在涉及心理健康这一敏感和复杂主题时，学生的主动参与和反馈至关重要。如果仅依赖教育者或专家来设计和运行体验仓，有可能会导致实用性和相关性不高的问题。问卷调查是收集学生需求和反馈的常用方式，但这仅仅是开始。这些问卷不仅可以在线上进行，以覆盖更多的学生群体，也可以通过纸质方式进行，以达到更高的参与度。问卷内容需要涵盖心理健康教育的多个方面，包括课程内容、教育方法、教学环境等。此外，还应该包括一些开放性问题，以收集学生更具体和个性化的建议和需求。访谈则是一种更为深入的数据收集方法。通过面对面或在线的方式，教育者或研究人员可以与学生进行深入的对话，以了解他们对体验仓的看法和期望。这种方式更有利于发现学生内心深处的需求和问题，因此对于体验仓的设计和优化具有非常

高的价值。除了问卷调查和访谈，还有其他多种方式可供选择，如小组讨论、社交媒体互动等。使用这些方式，有助于促进学生之间的互动和讨论，从而产生更多的启示。这些数据经过整合和分析后，将为体验仓的设计和运营提供指导。例如，如果大多数学生认为某个心理健康主题更为重要，那么这一主题在体验仓中就应该被给予更多的关注。同样，如果学生普遍认为某种教学方法更为有效或吸引人，那么这种方法也应该在体验仓中得到更多的应用。

通过充分和有效的收集和利用学生的反馈和建议，体验仓将有更大的可能实现其教育目标，并达到更高的学生满意度和参与度。这不仅有助于提高教育质量和效果，还有助于体验仓在社会和教育界的推广。因此，确保学生参与体验仓的设计和运营是一个不可或缺的步骤，也是实现教育创新和优化的重要途径。

（二）构建体验仓时需要考虑多学科的合作

构建大学生心理健康教育体验仓是一个多元、复杂的项目，不仅仅涉及心理健康和教育本身，还关联到社会、文化、技术等多个维度。因此，多学科的合作不仅是可取的，也是必不可少的。仅仅依赖单一学科的知识和方法是不足以应对这一复杂任务的。心理学是构建体验仓的核心学科。心理学专家可以提供对人的行为和心理状态的深刻洞见，帮助体验仓设计出更符合人们心理需求的教育内容和方法。特别是在面对不同类型的心理问题，如抑郁、焦虑、社交恐惧等时，心理学的专业知识和方法具有不可替代的作用。教育学是另一个关键学科。虽然心理学可以提供关于人类心理的基础知识，但要想将这些知识有效地运用到教育实践中，还需要教育学的指导和支持。教育学专家可以帮助体验仓设计更有效的教学方法和评估机制，以确保体验仓的教育目标能够得到实现。医学特别是精神医学，也可以为体验仓的构建提供重要的支持。通过与医学专家的合作，体验仓可以更准确地识别和解决学生的心理问题，甚至可以通过药物或其他医学手段进行更为有效的干预。社会学则可以提供更为宏观和全面的视角。心理健康不仅受到个体因素的影响，还受到社会和文化因素的深刻影响。通过与社会学专家的合作，体验仓可以更好地理解社会和文化因素，从而取得良好的教育效果。除了这些主要学科，还有其他多个学科和领域可供参考和合作，如人工智能、数据科学、心理咨询等。这些学科和领域可以提供更为先进和多样的工具和方法，以提升体验仓的教育质量和效率。

综合多学科的知识和方法，体验仓将有可能实现其宏大和复杂的教育目标，也将有可能获得社会和学界的广泛认可和支持。因此，多学科的合作不仅是构建体验仓的一项基础要求，也是实现长期成功和持续发展的关键因素之一。与多学科的专家和教师进行广泛和深入的交流和合作，将为体验仓的构建和运营提供无可估量的支持。

（三）充分考虑文化多样性和敏感性

在具有多元文化、多元观念的世界里，尊重和理解具有不同文化背景的学生是教育项目成功的关键。其多样性和敏感性不仅体现在教育内容的设计中，更应渗透到教育方法、评估工具，甚至是体验仓的日常运营中。在设计教育内容时，应注意其多样性。例如，对于某一特定文化群体来说，家庭和社群的观念可能与主流文化有所不同，这将影响他们对于心理问题的认识和应对策略。因此，体验仓在设计教育内容时，必须确保其广泛性和包容性，让所有学生都能学到知识。在设计教育方法和工具时，要注意其文化敏感性。传统的教育方法可能并不适用于所有学生。例如，西方的开放式讨论和自我表达可能不适用于更加注重集体和谦逊的文化环境中。因此，体验仓需要提供多种多样的教育方法和工具，以适应具有不同文化背景的学生。此外，随着社会和文化的不断变化，体验仓也需要不断地更新和优化其教育内容和方法，以适应这些变化。这需要体验仓与更多的文化和社群进行深入的交流合作，甚至需要引入更为复杂和先进的方法和工具，如人工智能和数据分析等，以实现更为精准和个性化的教育。

（四）制定严格的数据保护和隐私保护措施

信息时代，数据保护和隐私保护已经成为在线或离线服务中至关重要的组成部分，尤其是当这些服务涉及敏感的个人信息，如心理健康数据时。大学生心理健康教育体验仓作为一个涉及庞大数据流和敏感信息的系统，有责任和义务确保每一位参与者的数据和隐私得到充分和有效的保护。数据加密是保护学生隐私的第一道防线。所有传输和存储在体验仓系统中的数据，包括但不限于学生的个人信息、心理评估结果、参与活动的记录等，都应使用强加密算法进行加密。这样，即使数据在传输过程中或存储过程中遭到非法访问或窃取，也难以被解密和滥用。访问控制是另一个关键的保护措施。体验仓应该设计多个访问权限，以确保只有经过特定授权的人员才能访问相关数据。例如，普通教师和学生只能访问与他们直接相关的数据和资源，而管理员和心理咨询师需要更广泛的访问权限，以进行更全面的评估和干预。所有访问记录都应被严格记录和监控，以便在出现异常情况时能够迅速采取措施。数据脱敏是保护个人隐私的又一重要手段。在进行数据分析时，所有能够识别个人身份的信息都应被去除或替换，以确保数据的匿名性和保密性。这不仅能够保护学生的隐私，也有助于提高数据分析的客观性和准确性。除了以上技术措施外，管理方面的严格规定和执行也至关重要。这包括定期的安全审计、数据保护培训、隐私政策的公示和解释，以及对数据泄露事件的快速和有效的应对机制。所有这些措施都应纳入体验仓的标准操作流程，并应由专门的数据保护团队负责监督和执行。

数据和隐私保护不仅是法律和道德的要求，更是体验仓获得学生和社会广泛认可和信任的基础。只有采用严格和全面的数据保护和隐私保护措施，体验仓才能够为学生提供安全、私密和无忧的学习环境，从而更有效地达到其心理健康教育的目标。这样，不仅学生将更愿意参与和分享，教育机构和合作伙伴也将更愿意提供支持和资源，共同推动体验仓的长期发展。

（五）遵守相关的法律和伦理规定

遵守相关的法律和伦理规定是构建和运营大学生心理健康教育体验仓的一个基础性要求。构建合法、合规的体验仓不仅有助于确保项目的持续运行，也是赢得各方支持和信任的关键。著作权法的遵守是保证体验仓教育内容质量和合法性的基础。体验仓要确保所有使用的资料都是经过合法授权或是原创的。在引用或转载第三方的教育资源时，需要得到明确的授权和给予合适的署名。这样做不仅是出于遵守法律的需要，也是尊重原创者的伦理需要。体验仓还应关注隐私权方面的内容。由于体验仓涉及大量的个人敏感信息，如学生的心理健康数据、个人联系信息等，因此需要严格遵守各种数据保护和隐私保护的法律规定。体验仓在保护数据方面可采用数据加密、数据访问控制、数据脱敏等措施，以及定期进行数据保护审计和隐私政策的透明公示。教育法也是体验仓需要熟悉的法律，其涵盖了教育机构的运营、教学质量、教师资格等多个方面。体验仓作为教育机构的一部分，需要遵守相关的教育法规定，包括但不限于教育质量的评估和认证、教师资格的审核和培训，以及与学生、家长和其他教育机构的合规互动。遵循伦理原则也是至关重要的。这包括对学生心理健康的尊重和维护，对各种文化和社会背景的理解和包容，以及对教育公平和资源均衡的追求。所有这些伦理原则都应该被纳入体验仓的设计和运营中，成为其核心价值观和行为准则。

（六）充分考虑体验仓对社会和环境的影响和责任

充分考虑体验仓对社会和环境的影响和责任是实现其长期可持续发展，提高社会接受度的重要因素。一个成功的体验仓不仅应该提供高质量和个性化的教育服务，还应该积极参与社会公益活动，推动教育公平和环境保护。

在社会影响方面，体验仓可以通过多种方式与社会各界进行有效的互动和合作。例如，通过与当地社区、非政府组织和企业建立合作关系，体验仓不仅可以获得更多的资金和资源支持，还可以更好地了解和满足社会和学生群体的多样化需求。这种社会参与和支持不仅有助于体验仓的长期运营和持续优化，还可以进一步提升其社会价值，发挥其示范作用，从而产生更为全面和深远的教育影响。

在环境责任方面，体验仓应该积极采取各种环保措施和可持续发展策略。这包括但不限于能源节约、废物回收、绿色建筑和可持续交通等。通过这些环保措施，体验仓不仅可以减少其运营过程中对环境造成的负面影响，还可以为学生和社会提供宝贵的环境保护经验。这将有助于培养学生的环境意识和责任感，以及推动整个社会朝着更加绿色和可持续的方向发展。

体验仓还应该有一个明确和持续的社会和环境责任战略。这个战略应该明确体验仓在社会和环境方面的目标和计划，以及具体的实施和评估机制。通过社会和环境责任报告，体验仓不仅可以更准确和全面地了解其社会和环境影响，还可以更好地与各方进行有效的沟通和合作，从而持续优化其社会和环境责任实践。

（七）具有有效的应急准备和响应机制

无论是技术故障、数据泄露、突发性心理危机，还是更为严重的自然灾害和社会事件，全面和高效的应急准备和响应机制都能够确保体验仓在面对各种不确定性和风险因素时，依然能够稳定和安全地运行。

体验仓要明确突发事件的处理流程。这包括事件的报告机制、事件评估和分类以及具体的应对措施和流程。对于不同类型和级别的突发事件，应有相应的处理指南和预案，以确保能够迅速和准确地做出响应。

这不仅需要体验仓的管理团队进行全面和深入的风险评估和规划，还需要与当地政府、医疗机构、救援组织等进行有效的沟通合作。危机公关也是应急准备和响应机制的重要组成部分。发生突发事件时，及时和准确地向公众传达信息，有效地管理和引导公众舆论，是确保体验仓解决问题的关键。这需要体验仓拥有一个专业和高效的危机公关团队，以及一套全面和灵活的危机公关策略和手段。这不仅包括传统的新闻发布和媒体采访，还包括社交媒体和网络舆论的监控和管理。心理救助是应急准备和响应机制中不可或缺的一环，尤其是在以心理健康教育为核心的体验仓中。在发生突发事件时，有效地提供心理救助和支持，以减轻学生和教职员工的心理压力，是非常重要的。这需要体验仓与专业的心理咨询和救助机构进行合作，或培训专门的心理救助团队和人员。

第二节　体验式教学的评价体系建设

一、评价体系需要是多维度和多层次的

在体验式教学中，要构建多维度和多层次的评价方式。这种全方位的评价模式不仅能够涵盖课堂内外的各个方面，还能深入每一个教学环节和参与人员，从而为整个教学生态系统提供一份综合性的评估报告。

对于教学内容的评价，不仅仅应关注知识点的传达，还应注意其与学生日常生活和未来职业的联系。具体到体验式教学，应重点考察实验、项目是否能够帮助学生将理论知识与实际操作相结合，进而培养其解决问题的能力。这样的评价方式能够指导教育者在未来的教学设计中更加注重应用性和实用性，而非仅仅是书本知识的堆砌。

教学方法的评价应该是多角度、多层次的。体验式教学往往更注重学生的主动参与和互动，因此评价体系应该能够量化其参与度和互动效

果。这可能涉及课堂讨论、团队合作、在线与离线活动的融合等多个维度。这不仅能够反映学生的学习热情和参与度，还能评估教师是否能够激发学生的学习兴趣，以及课堂氛围是否活跃。

在教学环境方面，评价不仅应包括硬性因素如教室布局、设备完善程度等，还要包括学习氛围、师生关系等软性因素。例如，好的体验式教学环境应该能够鼓励学生自由表达，有足够的资源和设备来支持各种学习活动，以及有一套完善的行为和安全规范。

对于教师表现的评价，则应从多个角度进行。除了专业能力和教学技巧，还应关注教师与学生的互动质量、对学生需求的敏感度以及对教学改进意见的接纳和反馈等方面。优秀的教师不仅需要有丰富的专业知识和高超的教学技巧，还需要具有良好的沟通和组织能力，能够鼓励学生参与，激发其创造力。

评价体系也应该涵盖对学生学习效果的全面评估。其不仅包括对学生知识和技能掌握程度的评价，还包括对其团队合作能力、批判性思维能力、创新能力等能力的评价。此外，应当有机制来追踪学生在完成课程或项目后的长期表现，以评价教学活动的持久影响。

综上所述，多维度、多层次的评价体系是体验式教学不可或缺的组成部分。它能够为教育者提供一份全面、深入的教学反馈，使其进一步明确改进方向和优化措施，以期在未来达到更高水平的教学质量和学生满意度。这样的评价体系不仅有助于提升教育质量，也为学校、教师、学生乃至整个社会带来长远的价值。

二、评价体系需要是动态和灵活的

评价体系需要是动态和灵活的，这个观点尤其适用于教育这一领域。教育不仅仅是一个传播知识和技能的过程，它还需要应对社会、技术、文化等多方面的变化，以培养出能够适应不断变化环境的人才。而静态、僵硬的评价体系不仅不能反映教学的多维性和复杂性，也不利于教育的持续优化和发展。

动态和灵活的评价体系应当能够随时间的推移进行调整和更新。随着社会的发展，学生的需求和期望也在不断变化。因此，评价体系应该设定一系列调整标准和指标，这样教育机构就能根据最新的研究成果和教学实践，进行有针对性的改进。

动态评价体系应该能够适应不同的教学阶段和目标。在一个完整的教育周期中，每个阶段都有其特定的目标和需求。例如，基础教育阶段可能更注重基础知识和技能的传授，而高等教育阶段更加强调专业能力和创新思维的培养。因此，评价体系需要有足够的灵活性，以适应不同阶段的特点和需求。除了内部因素，一个好的评价体系还应当考虑到外部环境和全局因素。这就需要教育机构与其他组织，如政府、企业、社会团体等，进行广泛的合作和对接。通过引入外部的评价标准和方法，不仅可以丰富和完善自身的评价体系，还能提高其公信力和适用性。

在具体操作上，动态和灵活的评价体系需要采用更加先进和多元的评价方法。这包括但不限于自我评价、同行评价、在线评价、项目或作品评价等。这样多角度、全方位的评价不仅能够更准确地反映教学的真实情况，还能给予学生更多的自主权，鼓励他们从不同的角度和层面进行自我反思和优化。需要指出的是，动态和灵活并不意味着评价体系可以随意改变或缺乏稳定性。相反，它应当有一个明确和持久的核心目标，即提供高质量和有效的教学。因此，任何评价标准和方法的调整都应当以提高教学质量和效果为最终目的。

三、评价体系需要是开放和透明的

开放和透明的评价体系对于教育的质量和公平性具有不可忽视的影响。在教育评价中，封闭和不透明往往会导致多种问题，包括但不限于评价标准的不公、教学质量的降低，以及社会认可度的下降。开放和透明是建立有效、公正和具有影响力的评价体系的基础。开放和透明的评价体系必须将其方法和标准公之于众。这不仅能够确保评价的公平性，也有助于提高教育机构自身的公信力和权威性。教育机构应当在设计评价体系时，详细地解释各个评价指标的含义和权重，以及如何进行数据收集和分析。这样，所有参与者（学生、教师和家长）都能明确知道他们在教育过程中将如何被评价，以及这些评价是如何产生的。评价结果和反馈也应当是开放和透明的。评价完成后，应及时地将结果和建议反馈给所有相关方，以便他们能够根据这些信息进行自我反思和改进。这样的反馈机制不仅能激励教师和学生努力工作和学习，也有助于家长更全面地了解自己孩子的学习情况，从而提供更有效的支持和指导。然而，开放和透明并不仅仅是向内部参与者（学生、教师和家长）公开信息，还需要与社会各界进行广泛和深入的沟通和互动。教育机构应该积极参与社会的教育讨论，与政府、企业、社会团体等进行合作和对话，以共同探讨和解决教育中的各种问题。这不仅有助于提高评价体系的社会认可度和影响力，也能为教育改革提供更多的支持和资源。不过，值得注意的是，开放和透明也会带来一系列挑战，如信息安全和隐私保护等。因此，在追求开放和透明的同时，还要有有效的数据保护机制，以防止信息泄露或被滥用。

四、评价体系需要是持续和可持续的

评价体系的持续性和可持续性是确保其有效性的关键要素。好的评价体系不仅需要在设计阶段就得到充分的考虑和规划，还需要在实施过程中得到长期和持续的投入和支持。这样，评价体系才能真正成为教育改革和优化的有力工具，而不仅仅是一个短期或表面的衡量标准。长期和持续的投入是确保评价体系能够适应不断变化的教育环境和需求的前提。具体而言，不仅要在财政上给予足够的支持，还要在人力和物力方面提供必要的资源。例如，需要定期对评价标准进行修订和更新，以反映教育界的最新研究成果和社会需求；同时，也需要对评价人员进行持

续的培训，以确保他们能够准确和公正地进行评价。持续和可持续的评价体系还需要在更广泛和深远的层面上产生影响。这意味着，除了在单一教育机构内部得到应用，还应该通过各种手段和渠道进行更广泛的推广和应用。这包括举办各种研讨会、工作坊和培训课程，以分享和讨论评价体系的设计和实施经验；发布各种出版物、研究报告和案例研究，以展示评价体系在实践中的应用和效果；与其他教育机构、政府部门、企业和社会团体等进行合作，以共同推动评价体系的改进和发展。

不仅如此，评价体系也需要考虑环境和社会因素。例如，评价体系应当尽量减少对纸质材料和其他不可再生资源的使用，以减少环境负担；同时，也应当充分考虑教育公平和社会包容性，以确保所有学生都能得到公平和公正的评价。随着社会和技术的不断变化，该评价体系的教育目标和方法也会不断地发展和演变。因此，评价体系也需要有能力和机制来适应这些变化，以确保其始终能够满足教育和社会的实际需求。

第三节　体验式教学的学校与社会合作模式

一、跨学科合作与资源共享

体验式教学作为一种注重实践和体验的教学方法，不仅要求教育者对教学内容和方法进行创新，还要求学校与社会建立紧密的合作关系。这种合作关系不仅可以为学生提供更加丰富和多元的学习资源，还可以促进学校与社会的跨学科合作与资源共享。

（一）跨学科合作的深度与广度

跨学科合作的深度涉及合作的层次和方式。深度合作不仅仅是多个学科之间的简单结合，而是需要各个学科之间进行深入的交流和融合，形成一个完整的知识体系。在这样的合作模式下，每个学科都不再是孤立的，而是相互依赖、相互补充的。例如，工程学和艺术学可以合作开发一款新的产品，工程学可以提供技术支持，而艺术学可以为产品提供设计理念。这样的合作不仅可以提高产品的技术水平，还可以提高产品的市场竞争力。

跨学科合作的广度则涉及合作的范围和领域。广度合作意味着学校需要与社会的各个领域建立合作关系。这不仅包括与企业和组织的合作，还包括与其他学校、研究机构、政府部门等的合作。通过广泛的合作，学校可以为学生提供更加丰富和多样的学习资源，帮助他们更好地适应社会的需求。例如，学校可以与医学机构合作，为学生提供实习和实践的机会，帮助他们了解医学领域的最新发展和技术。

（二）资源共享的实质与价值

学校与社会实体的资源共享，实际上是一种双向的、互惠的合作关系。学校可以利用社会实体的资源，为学生提供更加真实和多元的学习环境。例如，学校可通过与企业的合作，让学生在实验室进行实际的科研活动，或者在工作坊中学习专业技能。在这种真实的学习环境下，学生不仅可以更加深入地理解知识，还可以培养他们的实践能力和创新思维。

社会实体也可以从与学校的合作中受益。学校拥有丰富的教育资源，如研究能力、人才和教育经验。社会实体可以利用这些资源，进行各种研究和开发活动。例如，企业可以与学校合作，进行技术研发或产品创新，从而提高其竞争力。非政府组织和社区也可以与学校合作，进行各种公益活动，从而提高其社会影响力。资源共享还可以帮助学校节省教育成本。传统的教育模式往往需要学校投入大量的资金和人力，用以建设教育设施和购买教育设备。而在体验式教学的学校与社会合作模式中，学校可以与社会实体共享这些资源，从而大大降低教育成本。

（三）真实的学习环境与实践机会

在体验式教学中，真实的学习环境是不可或缺的。这种环境不仅仅是指物理环境，如实验室，更重要的是其中蕴含的真实的社会关系、工作流程和问题挑战。当学生置身于这样的环境中时，他们不再是被动的知识接受者，而是成为主动的知识创造者和应用者。他们需要运用所学的知识，与他人合作，面对和解决真实的问题。

与此同时，真实的学习环境还为学生提供了丰富的实践机会，如各种形式的实践活动。在这些活动中，学生可以直接应用他们在课堂上学到的知识，与真实的社会环境互动，从而更加深入地理解和掌握知识。更为重要的是，这些实践活动还可以培养学生的实践能力、团队合作能力和创新思维。

学校与社会实体的合作在这一过程中起到了关键的作用。社会实体，如企业、非政府组织或社区，都拥有丰富的实践资源和经验。通过与这些实体合作，学校可以为学生提供更加丰富的实践机会。例如，学生可以在企业中进行实习，了解企业的运营模式和市场策略；或者在非政府组织中参与公益项目，还可以为社区提供服务。

二、项目导向的实践活动

体验式教学强调实践和体验，而项目导向的实践活动是这种教学方法的一个重要组成部分。当学校与社会建立合作关系时，基于真实社会问题的项目导向实践活动为学生提供了一个宝贵的学习和成长的机会。以下从三个方面深入探讨这种合作模式的特点和价值，具体内容如下：

（一）以真实社会问题为背景的深度学习

项目导向的实践活动正是体验式教学的学校与社会合作模式的一

个重要体现。以真实社会问题为背景的深度学习，要求学生不仅要掌握相关的理论知识，还要具备一定的实践能力。在这种学习模式下，学生不再是被动的知识接受者，而是主动的问题解决者。他们需要对真实的社会问题进行深入的研究和分析，找到合适的解决方案，并将其付诸实践。这种学习方式，无疑是对学生综合素质的一种全面培养。

（二）培养综合能力的实践平台

在项目导向的实践活动中，学生所面临的不再仅仅是学术性的问题，更多的是真实、实际的问题。这需要学生运用所学的知识，结合实际情况，进行分析和判断，从而找到解决问题的方法。此过程不仅需要学生具备更高的分析和解决问题的能力，也更能够锻炼学生的实践能力。项目导向的实践活动为学生提供了一个培养综合能力的实践平台。在这个平台上，学生不仅要完成具体的任务，还要与他人合作。这种团队合作不仅仅是简单的分工合作，更多的是一种思想的碰撞和交流。在这种环境下，学生不仅能够锻炼自己的沟通和协作能力，还能够培养自己的创新思维和批判性思维。

项目导向的实践活动还要求学生进行项目管理。这意味着学生要学会进行项目策划、资源调配、风险管理等一系列的项目管理活动。这些活动不仅考验学生知识，更考验学生能力。它要求学生具备一定的项目管理知识和技能，同时要求学生具备一定的分析、判断和决策能力。

（三）与社会的紧密联系与互动

开展学校与社会合作模式中的项目导向实践活动，本质上是为了使学习更加贴近实际，为学生提供与真实世界接轨的学习环境。这种基于真实社会问题的教学方式，突破了传统教育模式的局限，使学校教育与社会实践相结合，形成了一种新的教育模式。

在这种教育模式下，学校与社会之间的界限变得越来越模糊。学校不再是一个封闭的学习场所，而是与社会有了紧密的联系与互动。这种联系与互动，使得学校能够更加直接地利用社会的资源和平台，为学生提供更加丰富和多元的学习机会。无论是企业、非政府组织、还是社区，都可以成为学生学习的场所。在这些真实的学习场所中，学生不仅能够应用所学的知识，还能够培养自己的实践能力和社会责任感。社会也可以从与学校的紧密联系与互动中受益。通过与学校的合作，社会可以得到一些新的思路和方案，来解决一些实际的问题。例如，当学生参与到一个关于城市规划的项目中时，他们可能会提出一些新的、有创意的建议，这些建议不仅有助于解决实际问题，还可能为城市的发展带来一些新的机遇。这种学校与社会的紧密联系与互动，还为学生的全面发展提供了有力的支持。其不仅有助于学生锻炼自己的实践能力，还能够培养自己的社会责任感、团队合作能力、沟通交流能力等。这些能力对于学生的未来职业生涯和人生发展都是非常重要的。

三、社会实践与服务学习

体验式教学强调学生的实践和体验，而社会实践与服务学习是这种教学方法的核心组成部分。当学校与社会建立合作关系时，学生有机会深入社会，参与各种实践活动，从而更好地了解社会，培养社会责任感和公民意识。

（一）深入了解社会的实践机会

社会实践与服务学习是学生与社会直接互动的重要方式。通过参与社区服务、志愿者活动和实习实训，学生有机会直接观察和体验社会的多样性和复杂性。这种亲身体验使学生能够从实际的社会环境中获取信息，更加直观和深入地了解社会的运行机制、文化背景和社会问题。这种深入了解社会的实践机会为学生提供了独特的学习环境。在这一环境中，学生不再是被动的知识接受者，而是成为主动的知识探索者和创造者。他们需要运用所学的知识，与社会中的各种人互动，解决实际的问题。这种实践中的学习，使学生能够更加深入地理解和掌握知识，巩固和应用他们在课堂上学到的理论。深入了解社会的实践机会还可以培养学生的观察、分析和判断能力。面对复杂的社会现象，学生需要运用批判性思维，观察和分析问题的本质，做出合理的判断和决策。这种能力在现代社会中尤为重要，它不仅是学术研究的基础，也是解决实际问题的关键。

（二）培养社会责任感和公民意识的教育平台

在参与社会实践的过程中，学生会直接面对各种社会问题和挑战，如环境污染、贫困、社会不公等。这些问题和挑战使学生有机会从实际的社会环境中获取信息，更加深入地理解社会的多样性和复杂性。学生在面对这些问题和挑战时，能够更加深刻地感受到自己作为一个公民的责任和义务。服务学习是社会实践的一个重要组成部分。在服务学习中，学生不仅是知识的学习者，更是社会服务的提供者。他们需要运用所学的知识和技能，为社区提供服务，如环境保护、健康教育、文化传播等。这种服务不仅可以帮助学生巩固和应用所学的知识，还可以培养他们的社会责任感和公民意识。当学生参与到一个关于环境保护的志愿者活动中时，他们不仅能够了解到环境问题的严重性，还能够深刻地感受到自己作为一个公民对环境保护的责任。这种体验使学生认识到，作为一个公民，不仅要享受社会的权利，还要承担社会的责任。

（三）与社会的紧密联系与互动

学生与社会的紧密联系与互动，使他们能够从实际的社会环境中获取信息，更加深入地理解和掌握知识。这种联系与互动不仅体现在学生与社会的单向交流上，更体现在其双向互动上。学生可以利用社会的资源和平台，参与各种实践活动，从而更加深入地了解和参与社会。同时，社会也可以从这种合作中受益。学生作为新的知识和技能的载体，他们的参与可以为社会带来新的视角和思路。例如，社区可以通过与学生的合作，得到一些有价值的建议，解决一些实际的问题。企业也可以通过与学生的合作，进行研究和开发，提高其竞争力。

四、反馈与评价机制

体验式教学的学校与社会合作模式在为学生提供丰富的学习体验的同时，也面临着如何确保合作的动态性和持续性的挑战。为了应对这一挑战，要建立一个健全的反馈与评价机制。

（一）持续优化的动态合作模式

体验式教学的学校与社会合作模式强调了合作关系的动态性和持续性。在这种模式中，反馈与评价机制起到了至关重要的作用，它为各方提供了一个及时了解合作效果、发现问题并进行调整的机会。这种机制的存在，使得合作关系不再是静态的、一成不变的，而是动态的、持续优化的。在合作过程中，学校、学生和社会合作伙伴都是合作主体，他们都有权利和责任参与到反馈与评价中来。每一方都可以根据自己的经验和观察，提供有关合作效果的反馈信息。这些信息不仅可以帮助各方了解合作的实际效果，还可以为合作的调整和优化提供依据。

例如，学生在参与社会实践活动时，可能会遇到各种问题和挑战，如资源不足、指导不当、活动目标不明确等。这时，学生可以通过反馈与评价机制，将这些问题及时反映给学校和社会合作伙伴。学校可以根据学生的反馈，及时调整活动的内容、形式或指导方法，从而更好地满足学生的学习需求。社会合作伙伴也可以通过反馈与评价机制，了解学生的学习效果和合作的效果。如果发现学生的学习效果不佳，或者合作的效果不如预期，可以及时与学校沟通，调整合作策略，从而提高合作的效果。

这种持续优化的动态合作模式，确保了合作关系的有效性和稳定性。它使得合作不再是一个简单的、线性的过程，而是一个复杂的、多维的、持续优化的过程。这种模式不仅可以提高教育的效果和质量，还可以为学生的成长和发展提供有力的支持。

（二）提高教学效果的关键环节

在教育领域，教学效果的提高始终是教育者追求的核心目标。在体验式教学的学校与社会合作模式中，反馈与评价机制起到了至关重要的作用，它被视为提高教学效果的关键环节。这种机制的存在，确保了教学活动的针对性、实效性和持续性，为教育质量的提高提供了有力的支撑。

评价是教学活动的一个重要组成部分，它为教育者提供了一个了解教学效果、发现问题并进行调整的机会。在体验式教学的学校与社会合作模式中，评价不仅是对学生知识和技能的测试，更是对学生的实践、创新思维、团队合作等能力的评价。这种评价方式使得教育者可以更加全面和深入地了解学生的学习状况，从而为教学方法和内容的改进提供有力的依据。反馈是评价的一个重要组成部分，它为学生提供了一个了解自己学习状况、发现问题并进行调整的机会。在体验式教学的学校与社会合作模式中，学生不仅可以从教育者那里获得反馈，还可以从社会合作伙伴、同学那里获得反馈。这种多元化的反馈方式，使得学生可以更加全面和深入地了解自己的学习状况，从而更加有针对性地进行学习和成长。例如，如果学生在某个项目导向的实践活动中表现出色，学校和社会合作伙伴可以根据评价结果，为学生提供更多的挑战和机会。这不仅可以激发学生的学习兴趣和动机，还可以进一步提高其学习效果。相反，如果学生在某个活动中遇到困难，学校和社会合作伙伴可以根据反馈信息，为学生提供必要的支持和帮助，从而帮助其克服困难，提高学习效果。

五、策略与政策支持

　　体验式教学的学校与社会合作模式在实施过程中往往需要得到相应的策略和政策的支持，以确保合作的顺利进行和持续发展。策略与政策支持不仅为学校与社会的合作提供了明确的方向和保障，还为合作的深化和拓展创造了有利条件。

（一）学校合作策略的指导与保障

　　学校的合作策略应该基于学校的教育目标、资源条件、学生需求等因素制定。这意味着，学校在制定合作策略时需要充分考虑自己的教育目标和需求，以确保策略的针对性和实效性。例如，学校可以根据自己的教育目标，选择与那些能够帮助其实现这些目标的社会实体合作。学校也需要考虑自己的资源条件，以确保合作项目的可行性和可持续性。学校还需要考虑合作伙伴的需求和期望。这意味着，学校需要与潜在的合作伙伴进行充分的沟通和协商，确保双方的需求和期望都能够得到满足。这种双向的沟通和协商，不仅可以让合作双方互信和互助，还可以为合作的成功提供有力的保障。

　　为了确保合作策略的实施效果，学校还需要建立一套合作的管理和监督机制。这一机制可以帮助学校及时了解合作的进展情况，发现并解决合作中的问题。例如，学校可以设立一个合作项目管理小组，让其负责合作项目的日常管理和监督。学校还可以建立一个合作伙伴评价机制，以确保合作伙伴的质量和信誉。

（二）政府与教育部门的鼓励与支持

　　政府可以为学校与社会的合作提供政策和资金支持。在当前的教育环境中，学校与社会的合作已经成为一种趋势，但这种合作仍然面临着许多问题，如合作的方向、内容、形式等。要想解决这些问题，政府可以出台相关政策，明确学校与社会合作的目标、原则和方法，为合作提供明确的指导。此外，政府还可以为与社会合作的学校提供税收减免、资金补助等优惠政策，为合作提供资金支持。这些政策的提供不仅可以鼓励学校与社会合作，还可以为合作的稳定和持久提供有力的保障。

教育部门可以为学校提供合作的培训和指导。与社会的合作是一个复杂的过程，需要学校具备一定的合作能力和经验。为了帮助学校提高合作的能力和效果，教育部门可以为学校提供合作的培训和指导。这些培训和指导可以帮助学校了解合作的原则和方法，掌握合作的技巧和策略，避免合作中的问题和风险。此外，教育部门还可以为学校提供合作的信息和资源，帮助学校寻找合适的合作伙伴，建立稳定的合作关系。

第四节　体验式教学中的教师专业能力建设

一、体验式教学中教师专业能力建设的原则

在体验式教学中，教师专业能力建设非常关键。教师是体验式教学的核心执行者，其专业素养直接影响到体验式教学的质量和效果；相反，体验式教学也提供了教师专业成长的良好平台和实践场所。在这一过程中，需要遵循一系列基本原则，以确保教学和教师发展的双重目标得以实现。

（一）学生中心原则

体验式教学强调学生的主体性，把他们从被动接收信息的对象转为主动参与和构建知识的主体。这一教育理念在今天越来越受到重视，它要求教师赋予学生更多的自主权，同时提出了更高的要求和挑战。因此，以"学生中心"为导向的教师专业能力建设不仅关系到每一位学生

的学习体验和效果，更影响到整个教育系统的质量和公平性。教师需要具备扎实的学科知识，这是教学成功的基础。没有深厚的学科背景，教师很难准确把握教学内容的精髓和逻辑，更不可能设计出富有创意和挑战性的教学活动。

与传统教学相比，体验式教学对教师的学科知识提出了更为综合和应用性的要求。也就是说，教师不仅要了解自己专业领域的基础理论和方法，还需要具备一定的跨学科知识和实践经验，以便更好地整合和应用各种教学资源。教师需要掌握一系列先进和有效的教学技能。这包括但不限于课堂管理、互动式教学、评价与反馈等。特别是在体验式教学中，教师需要能够灵活运用各种教学手段和工具，如案例分析、角色扮演、项目实践等，以激发学生的学习兴趣和动机。同时，教师也需要具备一定的心理教育和咨询能力，以便更准确地识别和解决学生在学习过程中遇到的各种问题和困惑。教师需要深刻了解学生的需求、兴趣和特点。这一点在体验式教学中尤为重要，因为它直接影响到教学活动的设计和执行。通过定期的问卷调查、访谈和观察等方式，教师可以收集到大量关于学生的个性化信息，如他们的学习风格、认知水平、文化背景等。基于这些信息，教师可以更有针对性地制订教学计划，以确保每一位学生都能在体验式教学中获得最大的收益。教师需要具备持续学习和自我更新的意愿和能力。教育是一个永无止境的探索和实践过程，任何教师都无法事先预知在教学中出现的问题。因此，只有具备高度的自主学习和自我反思能力，教师才能在不断变化和发展的教育环境中提高其专业水平和竞争力。

以"学生中心"为导向的教师专业能力建设是一项系统性和长期性的任务，它涉及多个层面和维度的综合考量和调整。只有教师提升自己多方面的素养，才能真正实现体验式教学的目标，进而推动整个教育系统的持续改进和发展。这需要教育机构和政府的共同努力，包括但不限于提供相关的培训和发展机会、建立有效的评价和激励机制以及鼓励教师进行自我管理和自我成长等。

（二）反思与持续改进原则

在教育领域中，持续改进和自我反思被普遍认为是教师专业发展的重要组成部分。体验式教学作为一种强调实际操作和互动的教学模式，为教师提供了一个宝贵的平台，通过这个平台，他们能够更加直观、深刻地了解到自己在教学过程中的表现，进而能够进行更有针对性的自我反思和改进。

对于教师而言，自我反思不仅是一种心智活动，更是一种职业习惯和态度。它要求教师具备一定程度的自知之明和批判性思维能力，能够主动思考自己的教学观念、方法和行为，从而避免陷入固化和自满的思维陷阱。体验式教学中的各种教学活动，如小组讨论、项目实施、案例分析等，都为教师提供了大量的"观察窗口"。通过观察和分析学生在这些活动中的表现和反应，教师可以更容易地发现自己教学中的问题。

但自我反思并不是一个孤立和被动的过程，它需要与外部反馈和评价相结合，这样才能发挥其最大的效果和价值。在体验式教学中，这些反馈和评价通常来自多个方面和层次，包括学生的口头和书面反馈、同行教师观课后的点评以及教育机构的定期考核和评估等。通过综合分析这些反馈和评价，教师可以更全面和客观地了解自己的教学实践，从而更有针对性地制订改进计划。这也是为什么许多教育机构和研究者强调教师应该参与专门的反思培训和指导活动，如教学研讨会、教师学习社群等。此外，自我反思和持续改进不仅是教师个人职业发展的需要，也是教育系统和社会发展的需要。教师是教育质量和效果的重要决定因素，他们的专业素养和行为直接影响到学生的学习成长和未来发展。因此，教育机构和政府部门应该高度重视和支持教师的专业能力建设，包括提供足够的时间、资源和机会，以便他们能够更有效地进行自我反思和持续改进。

（三）跨学科与团队合作原则

在当代教育环境中，单一学科的教学方式逐渐显现出其局限性，而跨学科和团队合作的模式日益受到重视。体验式教学作为一种多元、综合和富有创造性的教学模式，要求教师具备一定程度的跨学科和团队合作能力。这一能力不仅能够提高教学的多样性和实用性，还能够进一步丰富教师的知识结构，开阔教师的专业视野，从而对教师的长期职业发展产生积极和深远的影响。

跨学科合作对于教师而言，首先是一种知识和思维的整合和升华。教师不仅需要具备扎实和深入的专业知识，还需要对其他相关学科有一定的了解和认识。这样，他们才能够有效地与不同学科的教师和专家进行对话和交流，进而能够共同设计和实施更为综合和实用的教学活动。例如，在一个关于气候变化的体验式教学项目中，地理、生物、物理等多个学科的教师需要密切合作，以便给学生提供一个更全面和深刻的学习体验。团队合作则是跨学科合作的延伸和深化，它不仅涉及知识和信息的共享，还涉及资源和责任的共享。在现实教学环境中，教师常常面临各种各样的限制和挑战，如时间、设备、资金不足等。而通过团队合作，教师可以更有效地整合和利用这些有限的资源，从而提高教学的质量和效率。跨学科和团队合作也是一种社会互动活动，它可以增进教师之间的相互了解和信任，提高他们的职业满意度和归属感。当教师能够与同行和其他社会成员建立稳定和积极的合作关系时，他们更容易获得教学活动所需的外部支持和资源，如社会组织的赞助、家长的参与、政府的推广等。

值得一提的是，跨学科和团队合作不是一种短期和临时的行为，而是一种长期和持续的过程。它需要教师具备一定的组织和协调能力，以及持续学习和改进的动力和勇气。对此，教育机构和政府部门应该给予足够的关注和支持，如提供专门的培训和研讨活动、建立有效的评价和激励机制等。

（四）道德与社会责任原则

在当今教育中，教师已不再是单纯的知识传递者。他们是塑造下一代人的关键力量，是文化、价值观，甚至是一个社会进步和延续的重要媒介。因此，教师的专业能力建设不仅应关注教学方法和内容的更新，还应注重道德与社会责任原则的内化和实践。这一点在体验式教学中尤为重要，因为这种教学模式往往涉及更多的学生参与、更广泛的社会互动和更高程度的个性化需求。首先，教师需要明确并时刻牢记自己的社会责任。作为未来社会主体的培养者，教师需要关心学生的全面发展，包括但不限于学科知识的掌握。这意味着教师需要具备一定的社会观察和分析能力，能够从更广阔的视角去理解和解释教学活动的社会价值和影响。道德底线是每一名教师都必须严守的原则，这不仅体现在日常的教学行为上，还体现在与学生、家长、同事和社会的各种互动上。对于学生的个人信息和心理需求，教师要做到不泄露。这不仅是对个人权益的尊重，也是对社会法制和公序良俗的维护。例如，在进行一些涉及个人隐私的体验式教学活动，如心理咨询时，教师需要事先获得学生和家长的明确同意，并确保活动的安全性和合规性。其次，教师还应具备一定的伦理决策和道德判断能力。在复杂和多变的教学环境中，教师常常会面临各种伦理和道德的困境和挑战，在这些情况下，教师不仅需要有足够的勇气和智慧来识别和解决问题，还需要有足够的敏感性来预防和避免问题的发生。

综上所述，道德与社会责任原则是体验式教学与教师专业能力建设中的重要因素。它不仅是教师个人素养和职业道德的重要体现，也是教育质量和社会效益的关键保证。只有当教师真正认识到并践行这一原则时，教育才能更加健康、公正和可持续，社会才能更加和谐、进步和文明。

（五）实用与创新原则

实用与创新原则在教师专业能力建设中发挥着重要作用。在快速发展和多元化的教育环境里，教师需要不断地进行自我更新和自我超越，以适应不断变化的教育需求和社会期望。实用与创新可以说是当代教师所面临的一个核心挑战，也是他们专业发展的一个关键推动力。实用性主要是指教师在教学过程中应用的各种方法和技术需要有明确的目标，且能产生可量化或可观察的成果。例如，如果教师选择使用分组讨论这一教学方法，那么他应当事先明确这一方法能够帮助学生在哪些方面取得进步。同时，教师还应有能力对这一教学活动的效果进行有效的评估，以便不断优化教学设计和实践。实用性还要求教师具备高度的专业素养和实践能力，能够运用先进的教育理论和方法，解决实际教学中遇到的各种问题和挑战。

教育领域是一个充满变数和不确定性的领域，特别是在当今这个信息爆炸和技术日新月异的时代，教师不能仅仅满足于使用传统和熟悉的教学模式和内容，他们需要具备一定的创新意识和风险承担能力，敢于尝试和推广新的教学理念和模式。例如，随着虚拟现实（VR）、人工智能（AI）等新技术的不断成熟和普及，体验式教学、在线教育、翻转课堂等新型教学模式也越来越受到重视和应用。在这种情况下，教师应当能够灵活地运用这些新技术和方法，将它们融入自己的教学设计和实践中，以增强教学的吸引力和有效性。值得注意的是，实用性和创新性并不是相互排斥或矛盾的。事实上，只有在实用的基础上，创新才能产生真正有价值和有意义的成果。同时，只有在不断地创新和尝试中，实用性才能得到进一步的拓展和提升。因此，在教师专业能力建设中，应当注重这两者的有机结合和相互促进。为了能够更好地实现这一目标，教育机构和政府部门也应该提供足够的资源和支持，如设立专门的创新基金、推出各种激励政策和措施等。

二、体验式教学中教师专业能力建设的方法

体验式教学中教师专业能力建设的方法具有多样性和综合性，相关人员在设计方法时不仅需要对教育理论有深刻的理解，还需要能够灵活地应用各种教学工具和技术。

（一）强化实践教学

实践教学是体验式教学不可或缺的一部分，在这一过程中，明确的教学目标设定至关重要，因为其可以作为后续评价和反思的依据。但仅有明确的目标是不够的，教师还需要提前准备教学资源，包括场地、设备和教材等。实践教学不是单一的，它可以包括多种教学方式，如观察、讨论和反思，以适应不同类型的学生和教育需求。与此同时，教师也需要与学生、家长和其他教育工作者密切合作。例如，通过家长会或同行评议，教师能获取更多的反馈，从而对教学方式和内容进行及时的调整。此外，持续的评价和反馈也是一个核心要点，这不仅能帮助教师更好地了解学生的学习效果，也能促使教师自我反思，不断改进自己的教学方法。实践教学还为教师提供了提升自身专业能力的好机会。除了教学技巧，教师还可以借这个机会来深化对教育心理学、发展心理学等领域的了解。这不仅有助于教师更加全面地了解学生，也将有助于他们的职业发展。现代教育已经不再是一个封闭的系统。利用各种线上或线下的社群和网络，教师可以不断更新自己的教学观念和方法。教学不仅仅是一场"独角戏"，它需要多方的参与和合作。每一次实践教学后，教师都需要进行及时的记录和总结。这不仅能够帮助他们更好地反思自己的教学实践，还能为未来的教学提供宝贵的经验和参考。

教师在实践教学中必须严格遵守相关的法规和伦理准则，特别是在涉及学生个人信息的方面。这不仅是教师个人的责任，也是教育机构和社会对他们的期望。总体而言，实践教学是一个复杂但极其有价值

的过程，它需要教师具备多方面的准备和长期的投入。只有这样，才能确保实践教学达到预期的教学效果，同时能最大限度地促进学生的全面发展。

（二）进行案例分析

案例分析作为一种更系统和理论化的方法，具有特别重要的意义，尤其是在面临复杂和抽象的教学问题时。一方面，这种方法能帮助教师更深刻地了解各种教学理论和模型，从而形成自己的专业观点和方法论。这一点特别重要，因为它提供了一个框架，教师可以在其中放入自己的教学实践，使其更加严谨和科学。另一方面，案例分析提供了一个从宏观和微观角度观察教学现象的机会。在宏观层面上，教师可以从政策、社会文化、教育体制等方面进行考察，以理解教学环境如何影响教育质量和效果。在微观层面上，通过细致入微地分析单一的教学案例，教师能更准确地识别教学中出现的具体问题，如学生参与度低、学习动机缺失或教学资源不足等。案例分析的另一优点是它具有很强的交互性和实用性。通过对真实的教学案例进行小组讨论、角色扮演或模拟教学，教师不仅能获得同行和专家的反馈，还能在实践中不断调整和优化自己的教学策略。这种反馈循环极大地提高了教师对教学效果的敏感性，使他们能在第一时间内发现教学问题。除此之外，案例分析也为教师提供了一个很好的自我反思机会。通过反复分析和解读教学案例，教师能更明确地认识到自己在教学中的优点和不足，从而更有针对性地进行自我提升。这种自我反思和自我调整的过程不仅有助于提高教师的教学水平，也是他们专业成长的必经之路。

在进行案例分析时，教师应牢记教育的终极目标是促进学生的全面发展，而不仅仅是传授知识和技能。这意味着在进行案例分析时，教师应尽量选择那些能够反映学生多元化需求和特点的案例，以便更全面地考察教学效果。

（三）优化专业培训

优化专业培训在教师专业能力建设中起着至关重要的作用。专业培训是一个持续的过程，与教育界不断更新和演变的趋势相适应。它为教师提供了一个宝贵的机会，使其通过系统更新和扩展自己的教学技能和知识库，来适应日益复杂和多变的教育环境。这样，教师就能更加自信地面对各种教学挑战，无论是在课程设计方面还是在学生评估方面。专业培训通常具有高度的针对性和实用性。这些培训课程往往由经验丰富的教育专家和学者设计和主持，他们能准确地识别当前教育界面临的主要问题和挑战，并据此制定相应的培训内容和教学策略。因此，通过参与这些培训，教师能获得许多实用的教学工具和策略，这些工具和策略可以直接应用到他们的日常教学实践中。专业培训还为教师提供了一个与同行进行交流合作的平台。这种交流不仅能开阔教师的视野，还能极大地丰富他们的教学经验和知识。例如，一个数学教师可能在培训中遇到一个历史教师，他们可以共同探讨如何在自己的课程中融入跨学科的教学元素，以提高学生的综合素质。这种跨学科和团队合作的精神不仅有助于提升教师个人的教学水平，还能促进整个教育体系的协同和一体化。专业培训也是一种高效的自我激励和自我管理机制。通过与同行的比较和竞争，教师能更清晰地认识到自己在哪些方面有待提升，从而更有针对性地进行自我调整和提升。这种自我激励和自我管理不仅有助于提高教师的工作积极性和满足感，也是他们专业发展的重要推动力。

（四）持续创新改进

教师应培养敢于尝试新事物的勇气。这涉及将最新的教育研究成果融入自己的教学实践中。例如，如果一个教师在专业文献或培训课程中发现了一种能提高学生参与度的新型教学方法，他或她应当主动去尝试应用这种方法，观察其在具体教学环境中的效果，然后据此进行必要的调整。持续创新改进需要一种多角度、跨学科的思维模式。现代教育不仅要传授知识，更要培养全面发展的人才。这就要求教师不仅精通自己的专业领域，还需要与其他学科或领域的教育工作者进行合作。例如，数学和艺术教师可以联手设计一门课程，通过艺术项目来讲授数学概念，从而使学生在参与过程中获得更深刻的数学理解。进一步地，教师应积极参与各种专业发展活动，如研讨会、工作坊和在线课程等，以便获取新知识和新技能。更重要的是，他们需要将这些新获取的知识和技能运用到实际教学中，观察其效果，收集反馈，并据此做出改进。这样的反馈循环是持续创新改进不可或缺的一部分。另外，教师也应与社会各界进行更广泛的合作。这可以是与本地社区合作，组织学生参与社会服务；也可以是与企业或非营利组织合作，将现实世界的问题引入课堂，让学生在解决这些问题的过程中学习和成长。教师要具备自我调整和自我监控的能力。创新总是伴随着风险和不确定性，这就需要教师能够根据实践中的反馈和结果不断调整自己的教学方法和策略。只有这样，教师才能在不断尝试和改进中找到最适合自己和学生的教学模式。

第五节　体验式教学的资金与设备支持

一、资金投入与预算管理

（一）资金需求的具体化与明确化

资金需求在体验式教学中扮演着至关重要的角色。体验式教学，如其名所示，强调为学生提供真实或模拟的实践活动，使其能够通过实际操作和亲身体验来获得知识和技能。这种教学方法在实施过程中往往涉及多种实践活动，如实地考察、真实实验、项目研究等。每一种活动都有其特定的资源和资金需求。为确保体验式教学的有效性，学校必须投入大量的资源。例如，实地考察可能需要交通、住宿、专业指导等费用；真实实验可能需要购买和维护高质量的实验材料和设备；项目研究可能需要引进专业的教学团队和进行教师培训。这些需求不仅涉及初始的设备购买，还包括长期的维护和更新。

学校在制定预算时，必须对每一项教学活动的资金需求进行详细的分析和评估。这需要学校与相关的专家进行深入的交流和合作，以确保预算的准确性和合理性。此外，随着教育技术的发展和教学内容的更新，资金需求也会发生变化。因此，学校必须建立一个灵活的预算管理机制，使其能够根据教学活动的实际情况调整预算。预算管理机制不仅要确保资金的充足，还要确保资金的合理使用。这意味着学校需要建立一个完善的监控和评估体系，对每一项教学活动的成本和效益进行实时的跟踪。这不仅可以确保教学活动的顺利进行，还可以避免资金的浪费和滥用。

为了满足体验式教学的资金需求，学校还需要寻找外部的资金来源。这可能包括政府的教育拨款、企业和非政府组织的赞助和捐赠等。与这些社会实体建立合作关系不仅可以为学校提供资金支持，还可以为学生提供更多的学习和实践机会。例如，企业可以提供实习和培训机会，非政府组织可以提供参与公益活动的机会。学校还可以通过创新的方式来获得资金。例如，通过与企业合作开发新的教学产品和服务，或者通过在线教育平台提供付费课程。这不仅可以增加学校的收入，还可以提高学校的影响力和知名度。

（二）预算的动态调整与长期规划

预算的动态调整与长期规划在体验式教学中占据了核心地位。体验式教学的本质在于为学生提供真实或模拟的实践活动，而这种活动的需求会随着时间、技术进步和社会需求的演变而发生变化。因此，学校在制定预算时面临着巨大的挑战：如何平衡当前的需求与未来的不确定性。

这种平衡的实现要求学校进行深入的趋势分析。预测未来的变化并不仅仅基于历史数据的线性推算，而是需要对教育趋势、技术发展和社会变化进行综合考量。为此，学校需要建立一个跨学科的预算团队，这个团队应该包括教育学者、技术专家和社会科学家等，他们共同合作，以确保预算的科学性和前瞻性。长期规划的制定应当与学校的整体发展策略和目标紧密相连。例如，若学校计划在未来几年中突破某个教学领域或引入创新技术，那么必须在预算中为此预留相应的资金。这不仅意味着学校的预算策略需要有足够的前瞻性，还要求学校的决策者具备洞察全局的能力，能够确保预算的制定与学校的长远利益相一致。动态调整则是预算管理中不可或缺的环节。教育领域充满了不确定性，无论是资金流动、项目开展还是技术应用，都存在一定的风险。例如，某项教学技术可能因为市场变化而突然失去价值，或者某个项目可能因为外部因素而被迫延期。在这种情况下，学校需要有一个灵活的预算调整机制，使其能够在短时间内对预算进行调整，以适应不断变化的实际情况。

为了实现这一目标，学校可以采用多种方法。例如，学校可以设立一个专门的预算调整小组，负责监控各项教学活动的进展和资金使用情况，确保预算与实际需求保持一致。此外，学校还可以引入现代的预算管理软件，利用大数据和机器学习技术，对预算进行实时分析和调整。

二、现代化教学设备

（一）虚拟与增强现实技术在体验式教学中的关键作用

在传统的教学模式中，学生的学习体验往往受限于教室的四壁，而且大多数情况下是被动地接受知识。但在虚拟现实或增强现实的环境中，学生可以主动探索、互动和体验，从而更加深入地理解和掌握知识。这种主动的、参与式的学习方式，被认为是更加符合人类的学习机制，因为它更加注重学生的主体性和实践性。例如，地理的学习往往需要学生对地形、气候和文化等进行抽象的理解。但通过虚拟现实技术，学生可以直接"前往"亚马逊热带雨林或撒哈拉沙漠，亲身体验那里的环境和生活，这无疑会使学习变得更加生动有趣。同样，历史的学习也可以通过虚拟现实技术得到极大的丰富，学生可以"回到"古罗马时代，参与到历史事件中，从而更加深入地理解历史的发展和人类的文明。增强现实技术则为学生提供了一个将虚拟和现实相结合的平台。通过扫描教材或实物，学生可以看到相关的三维模型、动画或视频，这不仅可以帮助学生更加直观地理解知识，还可以激发他们的好奇心和探索欲望。

（二）3D 打印技术与体验式教学的深度结合

在传统的教学模式中，学生往往通过图书、图片来学习知识。但这些事物都是二维的，难以为学生提供一个立体的、真实的学习体验。而3D 打印技术为学生提供了一个三维的学习空间，在这个空间中，他们可以亲手制作模型，从各个角度观察和分析，从而能够更加深入地理解知识。例如，在生物的学习中，学生可以通过 3D 打印技术制作出细胞、器官或生物体的模型，这不仅帮助他们更加深入地理解生物结构，还可以激发他们的好奇心和探索欲望。

3D 打印技术还为教育带来了更多的可能性。学生不再受限于教材和教具，他们可以自由地创造和探索，这种自主学习的方式更加符合现代教育的理念。而对于教育者来说，3D 打印技术也为他们提供了更多的教学方法和手段，他们可以根据学生的需求和兴趣，设计出更加有趣和富有挑战性的教学项目。

三、实践基地与资源中心

（一）实践基地：真实的学习环境

实践基地在体验式教学中起着至关重要的作用，为学生提供了真实的学习环境，使其能够将所学知识与实际应用相结合。这种学习模式强调了学生的实践能力和创新思维，有助于培养学生的综合素质和应对真实场景的能力。

在不同的学科领域中，实践基地的形式和功能有所不同。例如，工程技术学科的实践基地可能是一个高度机械化和自动化的实验室，配备最新的机器和设备，用于进行复杂的实验和研究；而社会科学和人文科学的实践基地可能是一个模拟社会环境的空间，用于培训学生的沟通和团队协作能力。

无论形式如何，实践基地都需要满足一些基本的条件。实践基地应该提供安全的学习环境。这意味着基地内的设备和材料都应该经过严格的安全检查和维护，确保学生在使用过程中不会受到伤害。同时，实践基地也应该配备有经验的指导员，他们可以为学生提供专业的指导和帮助，确保学生能够正确、有效地进行实践活动。实践基地还应该与课堂教学相结合。这意味着基地内的活动应该与学生在课堂上学到的知识和技能相一致，使学生能够在实践中加深对知识和技能的理解和掌握。为此，学校需要与实践基地的管理者和指导员进行紧密的沟通和合作，确保实践活动的内容和目标与课程设置相匹配。随着技术的发展和社会需求的变化，实践基地需要不断调整和更新实践活动的内容和形式。同时，实践基地也应该对外开放，与社会和产业界建立合作关系，为学生提供更多的实践机会和资源。

（二）资源中心：多样化的学习资源

资源中心在体验式教学中起到了桥梁作用，为学生提供了一个融合知识与技能的平台。这一中心不仅是知识的仓库，而且是学习和研究的交会点，为学生提供了一个多维度、跨学科的学习空间。

在数字化时代，资源中心已不再仅仅是纸质资源的聚集地，更是数字资源的聚集地。它们涵盖了从传统的图书和期刊到数字数据库、在线课程和虚拟实验室的各种资源。这些资源为学生提供了一个广阔的学习领域，使其能够在不同的学科和领域之间建立联系，深化对知识的理解。

为了确保资源中心能够满足学生的学习需求，学校需要进行持续的投资和维护。这不仅要定期更新和扩充图书和资料，还要求学校跟踪最新的教育技术和趋势，为学生提供前沿的学习工具和平台。例如，学校可以引入人工智能和机器学习技术，为学生提供个性化的学习建议和路径；或者使用虚拟现实和增强现实技术，为学生创建沉浸式的学习体验。

与此同时，资源中心的建设也需要学校与外部组织建立合作关系。学校可以与出版社和图书馆合作，共同采购和分享资源；也可以与科研机构和企业合作，获取最新的研究成果和技术文档。这种合作不仅可以为学生提供更加丰富和多样化的学习资源，还可以为学校带来外部的资金和技术支持。资源中心还应该注重服务的个性化和人性化。这意味着资源中心不仅要为学生提供高质量的资源，还要提供一系列的支持服务，如咨询、培训和指导。这些服务可以帮助学生更加有效地利用资源，提高学习的效率和质量。

第八章 ◄

总结与展望

第一节　总结

一、我国高校体验式教学已然取得明显进步

近年来，我国高校体验式教学已然取得明显进步，这一进步不仅体现在教学内容和方法的多样性上，更体现在教师和学生的地位上。在传统的教学模式中，教师通常是教学过程的主导者，学生则主要是被动接受者。然而，体验式教学重视学生的参与和实践，把学生从被动的知识接受者转为主动的知识创造者，从而更好地满足学生的个性化和全面化的发展需要。

体验式教学在教学方法上进行了一系列的创新。例如，许多高校已经开始采用项目式、问题式或研究式的教学方法，让学生在解决实际问题或完成具体项目的过程中，自然而然地掌握和运用知识。这种以学生为中心的教学方法不仅有助于提高学生的学习兴趣和动机，还能更有效地培养他们的综合素质。

除了教学方法的多样化，体验式教学还带来了教师和学生角色的转变。在这种教学模式下，教师不再是单纯的知识传播者，而是变成了学生学习的引导者和助手。他们需要根据学生的实际情况，设计适合他们的教学活动和任务，提供必要的指导和支持。同时，学生也需要更加主动和自觉地参与到教学过程中，他们不仅要自主学习，还需要与教师和同学进行有效的沟通合作。

从长远来看，高校体验式教学的明显进步对中国高等教育的发展具

有深远意义。它不仅能提高学生的学习效果和满意度，还能培养出更加全面和适应性强的人才，从而促进社会和经济的快速发展。同时，这种教学模式也为教师提供了更多的职业发展机会，他们可以通过与学生的紧密互动，不断更新和提升自己的教学理念和方法。然而，高校体验式教学的进步并不意味着它已经达到了完美状态。相反，还有许多方面需要进一步改进和完善，例如如何更有效地结合在线和离线教学，如何更好地满足不同学生群体的需求，如何进一步提高教师的专业能力等。但不可否认的是，高校体验式教学已经在中国教育改革和发展中占据了越来越重要的位置，它的成功实践和明显进步为全球教育改革提供了有力的支持和借鉴。

二、我国高校体验式教学成为心理健康教育的有力补充

在我国高校教育体系中，体验式教学逐渐成为心理健康教育的有力补充。传统心理健康教育往往侧重于理论传授和指导性谈话，而体验式教学通过实践和参与，让学生在与人交往和解决冲突等方面得到更为全面和深入的训练，这样不仅有助于提高学业成绩，也有助于培养他们的心理素质和社会适应能力。

体验式教学鼓励学生走出教室，亲身参与社会活动和公共服务，这不仅有助于他们从不同角度和层面了解社会现实，还能让他们在实践中锻炼自己的沟通、组织和领导能力。这种与社会紧密相连的教育模式有助于学生更好地了解自己和他人，增强自信心和责任感，从而在心理上更加成熟。此外，体验式教学也提供了大量的团队合作和个人挑战的机会，这对于培养学生的抗压能力和自我调控能力具有重要意义。通过完成具体的项目或任务，学生不仅可以知晓如何更有效地管理时间和资源，还能在与团队成员和指导教师的互动中，知晓如何处理人际关系和冲突，如何在面对压力的情况下保持冷静和专注。

体验式教学还强调反思和自我评价，这是心理健康教育中非常重要

但往往被忽视的一环。通过不断回顾和分析自己在教学活动中的表现和反应，学生可以更清晰地认识到自己的优点和不足，更准确地把握自己的情感和需求。这种自我认识和自我管理的过程，有助于他们建立更为积极和健康的心理模式，从而更好地应对未来的学习和生活挑战。

在心理健康教育方面，体验式教学也提供了一个难得的跨学科合作平台。心理学家、教育学家、社会学家等多方专家和教育工作者可以通过这一平台，共同探讨和解决一系列与学生心理健康相关的问题。例如，他们可以通过设计不同类型和层次的教学活动，来研究学生在不同环境和条件下的心理反应和行为表现，进而提出更为有效和有针对性的教育和心理干预措施。

综上所述，高校体验式教学通过多元化的教学内容和方法，以及更为开放和包容的教学环境，为心理健康教育提供了有力的支持和补充。它不仅有助于提高学生的学术成绩和专业技能，还能全面培养他们的心理素质和社会适应能力，使他们在未来的学习和生活中更加自信、自立和自强。这一点无疑对提高我国高等教育质量和培养高素质人才具有深远的意义和价值。

第二节　展望

一、未来高校体验式教学将与心理健康教育融合得更为紧密

在未来的高等教育领域，体验式教学和心理健康教育有望实现更为紧密的融合。随着科技进步和社会变迁，现代学生面临的心理压力和挑战也在增加，这就要求高校教育在培养学生专业能力的同时，也要更加重视学生的心理健康和个人发展。体验式教学因其强调实践、参与和全面发展的教育理念，与心理健康教育在目标和方法上有着天然的契合点。

体验式教学能更好地满足学生的心理需求和期望。传统的教学模式往往强调知识的传授和应试能力的培养，而忽视了学生的内在动机和个性特点。体验式教学通过提供更多的实践机会和个人选择，能够激发学生的学习兴趣和创造力，从而提高他们的学习满意度和自我效能感。

体验式教学鼓励学生与教师、同学进行更多的互动和沟通。这种人际交往不仅能锻炼学生的社会技能和团队合作能力，还能让他们在实际操作中体验到成功，从而增强自信心和自尊心。同时，这种开放和包容的教学环境也有助于教师及时发现和关注学生存在的心理问题，以提供更为个性化和有针对性的教育支持和心理干预措施。

体验式教学和心理健康教育都强调个体的全面和长远发展。除了知识和技能的传授，这两种教育模式还关注学生的情感、价值观和生活态度等多方面因素。通过组织实地考察和国际交流等教学活动，学生不仅能扩大知识面和开阔视野，还能更加明确自己的兴趣和人生目标。这种自我认知和自我定位的过程，是心理健康成长和个人成熟的重要组成部分。

随着人工智能、大数据和网络技术的发展，未来的体验式教学将更加便捷和灵活。教师可以通过各种在线平台和应用程序，实时监测和分析学生的学习和心理状况，从而提供更为准确和个性化的教育资源和服务。这不仅能提高教学效率和质量，还能在一定程度上减轻学生的心理压力和学习负担。由于体验式教学与心理健康教育在理念、目标和方法上有着诸多共通之处，因此在未来的高校教育中，两者有望实现更为紧密和有机的融合。这种融合不仅更全面和深入地促进学生的知识和能力发展，还能有效提升他们的心理素质和社会适应能力，从而为培养全面发展的社会主义现代化人才提供有力的教育支持和保障。

二、未来高校体验式教学中的信息技术渗透将更加明显

随着信息技术的快速发展，未来高校体验式教学中信息技术的渗透

将更加明显，其有助于改变传统的教学模式。信息技术不仅能提供更加便捷和高效的教学工具，还能创造更加丰富和多元的学习环境，从而提升教学质量和学生满意度。

信息技术使体验式教学更加便捷和普及。随着互联网、云计算和物联网等技术的不断进步，教师能够通过各种在线平台和应用程序，实时获取和分享教学资源、实验数据和研究成果。这不仅大大减少了教学准备和组织的时间和成本，还能让更多的人参与到教学活动中。信息技术能够丰富和拓展体验式教学的内容和形式。例如，虚拟现实（VR）和增强现实（AR）技术能够创建更加真实和引人入胜的学习场景，让学生能够通过身临其境的体验来掌握复杂和抽象的知识和技能。同时，大数据和人工智能等技术也能够对学生的学习行为和心理状态进行精准的监测和分析，以提供更为个性化和有针对性的教学支持。信息技术有助于提高体验式教学的互动性。通过各种社交媒体和在线论坛，教师和学生可以随时进行信息交流和意见反馈，从而更好地解决教学中的各种问题和困惑。此外，教师还可以通过在线测试等工具，及时了解学生的学习进度和心理状态，以调整教学计划和方法。信息技术的普及和应用也带来了一系列教育伦理和社会问题，如数据安全、隐私保护和数字鸿沟等。这就要求高校在推广体验式教学的同时，也要加强信息素养和责任感教育，以培养学生健康的人格特质。

总体而言，未来高校体验式教学中的信息技术渗透将更加明显，这不仅能为教学提供更多的可能性和选择，还能让教学更加个性化、人性化和智能化。然而，这也需要高校教师不断更新和完善自己的教学观念和方法，以利用信息技术带来的各种挑战和机会。只有这样，才能在信息化和全球化的背景下，真正实现教育公平，从而更好地服务于社会和人类的全面发展。

参考文献

[1] 田孝民，栾增能，石国华 . 心理健康（第 2 版）[M]. 北京：北京邮电大学出版社，2016.

[2] 李靖，戴文胜 . 心理健康 [M]. 成都：电子科技大学出版社，2014.

[3] 李美华 . 心理健康 [M]. 长春：东北师范大学出版社，2011.

[4] 乔玲，王学 . 心理健康 [M]. 天津：天津大学出版社，2011.

[5] 人民教育出版社，课程教材研究所，职业教育课程教材研究开发中心 . 心理健康 [M]. 北京：人民教育出版社，2009.

[6] 张姝 . 心理健康 [M]. 成都：电子科技大学出版社，2009.

[7] 栗九红，刘玉娟 . 心理健康 [M]. 沈阳：东北大学出版社，2010.

[8] 秦明功，何守亮 . 心理健康 [M]. 北京：中国广播电视出版社，2009.

[9] 中等职业教育规划教材编委会 . 心理健康 [M]. 西安：西北工业大学出版社，2009.

[10] 许丽媛 . 心理健康 [M]. 北京：国家行政学院出版社，2009.

[11] 张麒，徐浙宁 . 心理健康 [M]. 上海：上海科学技术出版社，2003.

[12] 马晓琴 . 心理健康 [M]. 西安：西安出版社，2005.

[13] 陈新萍，刘波 . 心理健康 [M]. 西安：西安交通大学出版社，2008.

[14] 尹力 . 心理健康 [M]. 广州：暨南大学出版社，1998.

[15] 于海亭，郭玉琴 . 心理健康 [M]. 北京：中国环境科学出版社，2007.

[16] 楚芳芳 . "卓越计划"背景下高职体验式教学模式研究 [M]. 长春：吉林

人民出版社，2018.

[17] 盛春荣，沈国明，蒋云兵 . 新课程与体验式教学 [M]. 杭州：浙江工商大学出版社，2018.

[18] 张斌彬，李晓雷，王晶 . 体验式教学：高校户外运动教学与实践研究 [M]. 北京：应急管理出版社，2019.

[19] 陈亚金 . 体验式教学理念下的高校体育教学研究 [M]. 长春：吉林大学出版社，2020.

[20] 苏众，查广云，刘断思 . 大学生思想政治理论课体验式教学理论与实践 [M]. 武汉：武汉大学出版社，2013.

[21] 刘祥玲 . 大卫·库伯的体验式教学 [M]. 太原：山西人民出版社，2020.

[22] 蔡高强 . 基于法学体验式教学的社会调研报告 [M]. 湘潭：湘潭大学出版社，2019.

[23] 许立红，金洋琼 . 体验式英语语音教学设计 [M]. 成都：西南交通大学出版社，2017.

[24] 邢肖毅，杨贤均，张亚丽，等 . 体验式教学在景观设计环境心理学课程教学中的应用 [J]. 现代园艺，2023，46（1）：193-194.

[25] 于洪雨，薛智铭，易爱军，等 . 大学生心理健康教育创新机制研究 [J]. 西部素质教育，2022，8（24）：116-119.

[26] 周天涯 . 大学生心理健康教育实践活动的创新路径探析 [J]. 科教导刊，2022（33）：134-136.

[27] 蒋志强 . 微课"翻转课堂"在大学生心理健康教育中的应用探索 [J]. 现代职业教育，2022（41）：134-137.

[28] 白琳，张弛 . 新媒体融合背景下经管类专业体验式教学模式改革研究 [J]. 老字号品牌营销，2022（22）：178-180.

[29] 覃敏良，何良俊 . 高校"四史"教育体验式教学困境及其对策 [J]. 高校后勤研究，2022（11）：55-57.

[30] 李松雷 . 体验式教学在高校思政课中的运用 [J]. 湖北第二师范学院学报，

2022，39（11）：21-24.

[31] 徐瑞，康晟兰 . 基于协同学理论的大学生心理健康教育研究 [J]. 山西青年，2022（21）：181-183.

[32] 杨琨，王文达 . 积极心理学视域下的大学生心理健康教育刍论 [J]. 成才之路，2022（32）：13-16.

[33] 闫丽娟 . 自媒体时代大学生心理健康教育方式探析：评《大学生心理健康教育（第三版）》[J]. 中国教育学刊，2022（11）：124.

[34] 周春梅 . "大思政"格局下大学生心理健康教育的论域、逻辑与路向 [J]. 江苏经贸职业技术学院学报，2022（6）：75-78.

[35] 吕小凤 . 体验式教学在高职院校党史学习教育中的路径初探：以四川华新现代职业学院"五个一"模式为例 [J]. 新西部，2022（10）：122-124.

[36] 王佳佳，赵越 . 互联网时代大学生心理健康教育与心理素质训练模式探究：评《大学生心理健康教育与心理素质训练》[J]. 人民长江，2022，53（10）：250.

[37] 江建 . 互联网时代高校大学生心理健康教育研究 [J]. 太原城市职业技术学院学报，2022（10）：191-193.

[38] 李倩 . 融思政元素于大学生心理健康教育的策略研究 [J]. 山西财政税务专科学校学报，2022，24（5）：78-80.

[39] 吴迪，王善虎，钟文峰 . 积极心理学视野下大学生心理健康教育路径研究 [J]. 吉林农业科技学院学报，2022，31（5）：75-78.

[40] 曹晓丹 . 互联网时代大学生心理健康教育刍议 [J]. 淮北职业技术学院学报，2022，21（5）：45-48.

[41] 辛斌 . 大学生心理健康教育及预警机制建设研究：评《大学生心理健康教育》[J]. 科技管理研究，2022，42（19）：270.

[42] 张利芹 . 营养教育与大学生心理健康教育的协同推进：评《大学生营养与心理健康》[J]. 粮食与油脂，2022，35（10）：166-167.

[43] 张丽娟 .OH 卡技术在大学生心理健康教育中的应用研究 [J]. 湖北开放职业学院学报，2022，35（18）：131-133.

[44] 何美萱 ."三全育人"理念下大学生心理健康教育所面临的问题及策略 [J]. 黑河学院学报，2022，13（9）：41-44.

[45] 徐乐薇，贺鹭 . 信息化时代大学生心理健康问题的新变化：评《网络环境下的大学生心理健康教育》[J]. 中国学校卫生，2022，43（9）：1276.

[46] 苏小路 . 高校大学生心理健康教育模式及实践路径研究：评《大学生心理健康教育理论与实践》[J]. 中国学校卫生，2022，43（9）：1443.

[47] 孙亚梅 . 校园心理生态环境建设与大学生心理健康教育的促进 [J]. 环境工程，2022，40（9）：312.

[48] 于晓亮 . 新媒体背景下贫困大学生心理健康教育工作中的问题与改进策略 [J]. 无锡职业技术学院学报，2022，21（5）：20-24.

[49] 张丽丽，孙小淞 . 从"音乐素养"课程谈高校通选课中的体验式教学 [N]. 中国社会科学报，2022-07-28（8）.

[50] 刘洪 . 江西瑞金开展"红色教育 + 体验式教学"教育模式的实践与思考 [N]. 中国文物报，2021-04-02（3）.